Rolf Schütt — Die Liebhaber der Sophie

Rolf Schütt

Die Liebhaber der Sophie

Europäische Philosophiegeschichte einmal ganz anders

Königshausen & Neumann

Der Abdruck der Karikaturen auf den Seiten 125 und 133 erfolgt m
freundlicher Genehmigung des Bouvier Verlags Herbert Grundmann, au
Nonnescius nemo — Physiologus alter, Bestiarium philosophicum, Bonn 197

CIP-Titelaufnahme der Deutschen Bibliothek

Schütt, Rolf:
Die Liebhaber der Sophie : europäische Philosophiegeschichte
einmal anders / Rolf Schütt. — Würzburg : Königshausen
u. Neumann, 1989
ISBN 3-88479-417-5

Umschlag: Hummel / Homeyer
Satz und Druck: Königshausen + Neumann

Printed in Germany
ISBN 3-88479-417-5

Für ELKE LOUISE

Sigmund *Freud* sagte zu Ludwig Binswanger, „daß Philosophie eine der anständigsten Formen der Sublimierung verdrängter Sexualität, nichts weiter, ist".

diu minne ist der natur, daz si den menschen wandelt in die dinc, die er minnet. (Meister *Eckart*)

Das Weib ist nichts anderes als eine Art Materie ... die uns aus ihrem Schoße hervorbringt, erhält und wieder aufnimmt... daß nämlich das Weib so wenig genug an Männern habe wie die Materie an Formen. (Giordano *Bruno*)

Die Philosophie hat mir auch ihre Gunstbezeigungen nicht gänzlich versagt, und trotz der Eifersucht manch ihrer Liebhaber, sich zu meinem Vorteil erklärt. (Salomon *Maimon*)

Jedes Männchen von Gedanken fand sein Weibchen. Oder die Ideen in seinem Kopf müssen entweder lauter Männchen oder lauter Weibchen gewesen sein. Denn es hat sich nie ein neuer erzeugt. (*Lichtenberg*)

Frauen können wohl gebildet sein, aber für die höheren Wissenschaften, die Philosophie... sind sie nicht gemacht. (*Hegel*)

Monsieur le Capital und Madame la Terre: Das produktive Leben ist aber das Gattungsleben. Es ist das Leben erzeugende Leben... In Hegels Geschichtsphilosophie, wie in seiner Naturphilosophie, gebiert der Sohn die Mutter, der Geist die Natur... Philosophie und Studium der wirklichen Welt verhalten sich zueinander wie Onanie und Geschlechtsliebe. (*Marx*)

...zu bedenken könnte geben, daß das Wort Materie von mater herstammt, also von fruchtbarem Weltschoß... daß das Weib des Mannes bedarf wie der Traum der Deutung... beide auf dem Weg zur androgynen Einheit... das Letzte, das den Menschen überhaupt erwartet, ist nach Gestalt und Wesen das Weib... mit fraternitas auch ohne Vater... Der Weltstoff ging so wahrhaft als mater-ia, als Mutter der Dinge auf, als sich selbst befruchtende dazu, als autarke, sich selbst genügende ‚natura naturans'... (*Bloch*)

Ich glaube, daß das Ideal des Genitalcharakters ganz schlecht ist. Sein typischer Vertreter ist Siegfried, vom jungen Wagner als Proletariat konzipiert... Ich glaube,daß die Vorlust mehr ist als die Lust... Mit dem Glück ist es nicht anders als mit der Wahrheit: Man hat es nicht, sondern ist darin. Ja, Glück ist nichts anderes als das Umfangensein, Nachbild der Geborgenheit in der Mutter. Um das Glück zu sehen, müßte er aus ihm heraustreten: er wäre wie ein Geborener. (Wiesengrund-*Adorno*)

Wie Narziß protestierte Orpheus gegen die unterdrückende Ordnung der zeugenden Sexualität. Der orphische und narzißtische Eros ist ... die ‚Große Weigerung'. (Herbert *Marcuse*)

Sehen heißt deflorieren ... Man reißt der Natur die Schleier ab, man enthüllt sie.. Der Forscher ist der Jäger, der eine weiße Nacktheit überrascht und mit seinem Blick vergewaltigt ... man jagt, um zu essen.. Die Erkenntnis ist Eindringen und zugleich oberflächliche Liebkosung, Verdauung und distanzierte Betrachtung. (*Sartre*)

Wir müssen in Ödipus jene Gestalt des griechischen Daseins begreifen, in der sich dessen Grundleidenschaft ins Weiteste und Wildeste vorwagt, die Leidenschaft der Seinserfüllung... Die Kolonie ist das auf das Mutterland zurückweisende Tochterland. Indem der Geist Land solchen Wesens liebt, liebt er mittelbar und verborgen doch nur die Mutter. Das ist die heimatliche Erde, ... die Verschlossene... Das Sein entzieht sich... Es gibt sich und versagt sich zumal. Person ist Aktvollzieher... Sein lichtet sich dem Menschen im ekstatischen Entwurf... Dieses Wohin der Ekstase nennen wir das horizontale Schema... Erkennen ist der ekstatische Bezug zur Lichtung des Seins ... Das Seiende kann als das Seiende nur sein, wenn es in das Gelichtete der Lichtung herein- und hinaussteht... Das In-Sein ist Mitsein mit Anderen... vom Ge-stell zur Lichtung... das Seiende steht im Sein... Das Wesen der Kunst ist ... Dichten innerhalb der Lichtung... dieser Stoß ins Offene ... aber dieses vielfältige Stoßen hat nichts Gewaltsames ... das Innige im gespannten Auseinander im Zueinander eines Einigen ... Natur, die leicht umfangend alles in ihrer Offenheit und Lichtung einbehält... Gunst des Seins... dem Sein höriges Denken ... schmiegsam, schmiedbar, geschmeidig, fügsam leicht ... Physis meint das aufgehende Sichaufrichten... das Aufgehen ins Offene... im Sinne des Gerade-aufrecht-in-sich-dastehens... Aufgehen kann... am Hervorgehen von Tier und Mensch aus dem Schoß erfahren werden... wohlgerundete Unverborgenheit... Unverborgenheit des Seins als Mörder des Vaters und Schänders der Mutter... Wer sich auf den Weg des Denkens begibt, weiß am wenigsten von dem, was als die bestimmende Sache ihn — gleichsam hinterrücks über ihn — zu ihr bewegt. (*Heidegger*)

Inhalt

Wozu Philosophie? 11

Tief denken — hoch stapeln 17

Die Liebhaber der Sophie, ganz familiär,
und woher kam das Geld? 36

Das griechische Altertum 37
Das christliche Mittelalter 45
Renaissance 50
Das 17. Jahrhundert 53
Das 18. Jahrhundert 59
Das 19. Jahrhundert 82
Das 20. Jahrhundert 110

Der Weisheit letzte Schlüsse
Die deutsche Postmoderne als ewiggestrige Prämoderne 138

Jürgen Habermas und
die Soziologie des deutschen Sozialismus 140

Ist die bundesdeutsche Nachkriegsphilosophie
‚ihre Zeit in Gedanken erfaßt'? 154

Wozu Philosophie?

Rettet die Philosophie vor den Philosophen,
aber wer kein Berufsphilosoph ist,
muß deshalb noch nicht selbst denken können.

Es soll Frauen geben, die nur herumzukriegen sind durch Gespräche über Kierkegaard. Wenigstens sollte es sie geben, und nur Philosophie kann ihnen helfen, Männer zu finden, die Frauen suchen, welche liebesvorgespielte Nietzschekenner bevorzugen, zum Beispiel. Wer eine Freundin loswerden will, die auf Mindestniveau Wert legt, kann es à la Kierkegaard tun oder sich à la Schopenhauer gar nicht erst darauf einlassen. Für welche Frau von Umwelt ist es nicht schmeichelhafter, von einem Kierkegaardisten sitzengelassen als von einem tumben Allerweltskerl geheiratet zu werden? Wenn Philosophen die exemplarischen Lebensklippen auch nicht auf repräsentativ weiterzuempfehlende Weise gemeistert haben, so sind sie doch wenigstens meist auf vorbildliche Weise an ihnen gescheitert und vermochten es, was viel wichtiger ist, ihr so hinreißendes Scheitern auf bestrickende Weise zu artikulieren, daß der Verdacht naheliegt, sie hätten ihr Leben geführt als einzigen Vorwand für gute Formulierungen.

Die Philosophie für Hochstapler stammt von Hochstaplern der Philosophie. Wer die Denker mißbraucht für seine unphilosophischen Hintergedanken, muß deshalb keine Skrupel haben, sind sie doch meist selbst schon jene Hochstapler gewesen, von denen sie mehr eingespannt werden sollten. Es geht also nur darum, eine Überlebenskunst weiterzugeben, die so alt ist wie das geistige Europa selbst. Leben und Denken der berühmt gewordenen Philosophen stimmte je so wenig überein, daß ihr Denken allzuhäufig fast nichts als der gequälte Versuch einer Rechtfertigung dafür war, daß es mit ihrem Leben eben nicht übereinstimmte. Wodurch anders sind sie berühmt geworden als durch einen neuesten Trick, mit Hilfe einer weltfremd lebensuntauglichen Beschäftigung sich an Existenzkampf und ehrlicher Arbeit vorbeizudrücken und sich eine warme Nische in einer Welt zu sichern, die sie angeblich nicht kannten, und ein Leben, zu dem sie angeblich nicht taugten. Sie haben von Leuten gelebt, die das gleiche Ziel hatten oder sich nicht trauten, des Kaisers neue Kleider nicht zu sehen. Seit dem Aufstieg der Naturwissenschaften, also seit der Bezauberung durch Entzauberungskünstler, ist das Schamanenrenommée des Denkbegnadeten sehr demoliert worden. Aber nur auf höherer Etage ist dieser schwindelerregende Schwindler enttarnt; für den Alltagsgebrauch im Lebensparterre unter lauter leicht Angebildeten reicht das kleine Philosophikum noch allemal, um mit der höheren Wahrheit zu bluffen (die nicht einmal in den Niederungen gilt). Geben Sie fremde Köpfe für Ihre eigenen aus! Wenn Sie Ihren Kopf verlieren, setzen Sie doch mal den von Platon auf oder von Denkwürden Kant, von Merkwürden Leibniz oder von Nobel-Preiswürden Sartre. Die haben immer ihren Kopf benutzt, damit er ihnen nicht abgeschlagen wird, und *daß* sie ihn benutzt haben, hat ihn den Denkern nur sehr selten gekostet, wie bei Giordano Bruno (1548-1600), der es gewagt hatte, Gott durch die Unendlichkeit des Weltalls zu ersetzen und ihn in Mutter Natur anzubeten. Was ihn um 1600 auf den Scheiterhaufen brachte, hätte ihn um 1900 zu einem Superstar des Mater-ialismus gemacht: Es geht immer ums rechte Wort zur rechten Zeit oder darum, vollendete Tatsachen zu schaffen, damit das Heidegger-Zitat passend loszulassen ist.

Meist gingen die Philosophen aufs Ganz(heitlich)e, mit Kleinkram haben sie sich selten aufgehalten, und den Handgreiflichkeiten des Lebens zogen sie die Begrifflichkeiten ihres Kopfes vor. Niemandem kann verdacht werden, daß er nicht gern in den Verdacht kommen möchte, nicht richtig denken zu können.

Wo lassen Sie denken? Klingt doch besser als die Frage:

Wo lassen Sie leben und sterben?

Wir wollen hier die großen Denkschlachtordnungen der Vergangenheiten nicht noch einmal im Sandkasten nachstellen zwischen

Plato und Aristoteles, Thomas und Duns Scotus, Descartes und Spinoza, Kant und Hegel, Hegel und Marx. Die Denkfiguren der Tradition sind heute nur noch Geredefiguren. Wichtig ist für Sie nur: Wie vermeide ich die ausgetretenen Trampelpfade des gesunden Volksempfindens, ohne deshalb gleich in die soziale Abseitsfalle zu laufen oder in die Klapsmühle zu kommen? Philosophie wird heute nicht ‚durch Realisierung aufgehoben' in marxistischen Endrevolutionen, sondern durch alltäglichen Mißbrauch des metaphysischen Gemeinwohls fürs rein physische Wohlleben des Einzelkämpfers. Es kommt auch nicht darauf an, die philosophischen Entlarver noch einmal zu entlarven und nachzuweisen, daß Denker auch nur mit Wasser kochen. (Sie können meist nicht kochen.) Von Hans Vaihinger gibt es eine beliebte ‚Philosophie des Als-ob'. Sie ist so beliebt, weil jeder sie schon aus dem Namen her zu verstehen glaubt, ohne ein Buch von Vaihinger gelesen zu haben, und jeder hat Recht damit. Ich erwähne das nicht, weil ich Vaihingers ‚Fiktionalismus' (Gedächtnis ist Denkersatz für den angesehenen Diplombluffer) für eine bedeutende Philosophie hielte, sondern weil jeder philosophische Hochstapler nur so tun sollte, *als ob* er denken könnte. Wichtig ist nur, daß die, welche ja auch nicht denken können, wenigstens denken, daß *Sie* denken können und nicht Ihre Denkschwäche als Ichstärke verkaufen. Heute blüht wie immer der Irrationalismus, dessen Anhänger aus der Not, nicht richtig im Kopf zu sein, einfach nur ganz rationell die Tugend der vitalsten Kopflosigkeit machen und jeden, der denken kann, der Blut- und Bodenlosigkeit zeihen.

Dem soll hier gerade kein Vorschub geleistet werden.

Denken Sie selbst nach (aber nur dem, was Ihnen hier vorgemacht wird). Niemandem soll ein versteckter Nutzen von so etwas wie Philosophie eingeredet und aufgeschwatzt werden, aber gerade ihre vollendete Nutzlosigkeit war immer ihr einziger wahrer Nutzen.

Für Nichtphilosophen war es immer ein Problem, daß sie dort keins sahen, wo der Philosoph eins sieht, und umgekehrt. Philosophie heißt geradezu, dort nur Scheinprobleme sehen zu können, wo Nichtphilosophen wirkliche Probleme haben.

Aber verschwenden Sie nun nicht gleich Ihr Leben mit dem Lesen der Philosophen, sondern mit deren Leben. „Das Denken verbirgt den Menschen, und um den Menschen ist es uns zu tun", schrieb Sartre, selbst ein Philosoph, der nie die Katze aus dem Sack ließ. „Dasselbe nämlich ist Denken und Sein", sagte 2000 Jahre früher ein griechischer Zunftkollege aus der Kindheitsphase des abendländischen Denkens, als es noch ein Spiel und Spaß war, von den Denkern so ernst genommen wie das Kinderspiel von den Kindern. Parmenides war es, für den das Sein des Denkers und sein Denken dasselbe waren. Der Vater der modernen Philosophie machte daraus: Ich denke, also bin ich (wie ich denke, und ich denke, wie ich bin). Dazu brauchte die Philosophie aber etwa 2000 Jahre Zeit. Entweder hat der Philosoph nun gelebt, wie er gedacht hat, (dann können Sie sich die Lektüre seiner Werke sparen und seine Biographie als die Realisierung seiner Philosophie lesen), oder er hat anders gedacht, als er lebte — dann ist er gerade gekennzeichnet durch diese verräterische Kluft, deren Kenntnis Sie wiederum von der Notwendigkeit einer Werklektüre befreit. Das Leben der Philosophen ersetzt vollauf das Lesen der Philosophen, die eine Einheit von Leben und Denken ohnehin propagieren. Das Leben ist leicht, das Denken ist schwer, gilt für den echten Hochstapler; für den echten Philosophen ist es gerade umgekehrt. Ein Denker wie Adorno sah ‚die Wahrheit' gerade in der Differenz zwischen Leben und Denken: So hat er im Einklang mit seiner Philosophie gelebt, als er sein Leben eben nicht auf der Höhe seiner Lebensweisheiten führte. (Ein schlauer Kopf, der sich vorweg abzusichern wußte gegen Vorwürfe und seinen potentiellen Kritikern zuvorkam, indem er seine eigene ‚Nichtidentität' zur Identity card seiner Philosophie machte.) — Ich denke, also bin ich kein Denker.

Statt Philosophiegeschichte sind Philosophengeschichten geboten; prägen Sie sich anekdotische ‚Bedenklichkeiten' ein aus der vita passiva der Ideen-Idole.

Hat er von sich auf andere gesch(l)ossen oder von anderen auf sich? Hat er nur seine Idiosynkrasien zu Ideen verallgemeinert? Sie brauchen Geist, um zu verbergen, daß Sie selbst keinen haben. Think big, rent a head. Welche Art und wieviel Geist ist nötig, um Geist vorzuspiegeln, den man nicht hat? Eine philosophische Frage, die Sie hier nicht zu beunruhigen hat, weil niemand Ihrer Gesprächspartner Geist genug haben dürfte, sie Ihnen zu stellen, weil jeder damit ausgelastet ist, selbst Geist nur vorzuspiegeln und was er dafür hält und gehalten wissen möchte.

Mit dem Philosophen haben Sie seine Philosophie, oder die Kluft zwischen beidem ist die beste Kritik seiner Philosophie *und* seines Lebens. Eine Philosophie wird nicht widerlegt durch eine andere, sondern durch den Philosophen selbst. Kurz, die beste Analyse eines Denkers ist die Psychoanalyse des Denkens, das es auf die Couch des Klatsches zu zerren gilt für jeden Hochstapler von Format auf diesem Felde.

Die Philosophen selbst halten es natürlich für unphilosophisch, sich mit (ihrem) Leben zu beschäftigen. Heidegger, der Grund hatte, von seinem Freiburger NS-Rektorat 1933 abzulenken, schrieb: „Aristoteles wurde geboren, arbeitete und starb." Eben nicht. Auch Heidegger wurde geboren, arbeitete nicht und starb, aber ein bißchen mehr läßt sich schon sagen über die Einheit zwischen diesem größten aller Existenzphilosophen und seiner Existenz selbst.

In Deutschland lebten die bedeutenden Philosophen des 20. Jahrhunderts, Heidegger, Bloch, Jaspers, Husserl, Adorno und Horkheimer als Universitätsprofessoren wie die Klassiker des deutschen Idealismus im 19. Jahrhundert, Kant, Fichte, Schelling und Hegel (außer Kant alles Ehemänner). Seit dem 19. Jhdt. stehen sie einander gegenüber, die gutbürgerlich staatsbeamteten Familienväter Lichtenberg, Fichte, Schelling, Hegel, Jaspers, Heidegger, Bloch, Husserl, Horkheimer, Adorno auf der einen Seite und auf der anderen Seite die ledig freiberuflichen ‚Existenzialisten' Schopenhauer, Kierkegaard, Nietzsche, Wittgenstein und Sartre, die Vorgänger hatten:

Zwischen den Zeitaltern von Mutter Kirche und Vater Staat gab es Einzelgänger, die freiwillig kinderlosen Junggesellen Pascal, Descartes, Spinoza und Leibniz, weniger existenzielle als mathematische Geister. Im allgemeinen wurden die großen Zölibatäre im Schoß der Mutter Kirche zur Neuzeit abgelöst durch die oft auf der Suche nach der verlorenen Mutter Natur befindlichen Kinder von Vater Staat und Alma mater.

Die großen Mater-ialisten lagen selten an den Brüsten der Alma mater. Die deutschen Idealisten wurden alle von Hauslehrern zu Professoren, von Hausdienern zu Staatsdienern.

Nie für ihren Lebensunterhalt sorgen mußten die mit reichem väterlichem Erbteil ausgestatteten Plato, Descartes, Schopenhauer und Kierkegaard.

Außer Wittgenstein empfanden sie den Reichtum nicht als Antiphilosophikum.

Epiktet und Böhme wurden geboren und starben als Proletarier. Fichte brachte es vom Hütejungen zum Professor, Wittgenstein vom Millionenerben zum freiwilligen Klostergärtner und Spinoza vom Kaufmannssohn zum Brillenschleifer.

Sartre schrieb (philosophische) Literatur, um (politische) Philosophie treiben zu können. Dazu gab er seinen Beamtenstatus als Lehrer auf.

Philosophien sind Wahrpläne.

„Die Wahrheit ist keine Hure, die sich Denen an den Hals wirft, welche ihrer nicht begehren: vielmehr ist sie eine so spröde Schöne, daß selbst wer ihr Alles opfert, nicht ihrer Gunst gewiß seyn darf... — Wie sollte auch überhaupt die zum Brodgewerbe herabgewürdigte Philosophie nicht in Sophistik ausarten?“ (Schopenhauer)

„Die Frauen Casanovas, die nicht umsonst oft Buchstaben anstatt Namen tragen, sind kaum voneinander zu unterscheiden, und auch nicht die Figurinen, die nach Sades mechanischer Orgel komplizierte Pyramiden stellen. Etwas von solcher sexuellen Rohheit, der Unfähigkeit zu unterscheiden, lebt aber in den großen spekulativen Systemen des Idealismus, allen Imperativen zum Trotz und kettet deutschen Geist und deutsche Barbarei aneinander. Bauerngier, nur mühsam von der Pfaffendrohung in Schach gehalten, verficht als Autonomie in der Metaphysik ihr Recht, alles Begegnende auf sein Wesen so umstandslos zu reduzieren wie Landsknechte die Frauen der eroberten Stadt. Die reine Tathandlung ist die auf den gestirnten Himmel über uns projizierte Schändung...“ (Adorno)

Doch Kant war kein Unternehmer: er holte philosophisch aus Mutter Natur nicht mehr heraus, als er zuvor in sie hineingesteckt hatte.

Tief denken — hoch stapeln

Nach-Denken ist für Leute gedacht, die weder Lust noch Zeit noch Intelligenz genug haben, die großen Philosophen zu studieren und ihre Wälzer zu wälzen, aber Ehrgeiz genug, von ihnen zu profitieren, um sich im gesellschaftlichen Existenzkampf zu behaupten. Ehe Sie Ihren Kopf verlieren, sollten Sie sich anderer großer Köpfe bedienen, wenn es gilt, in geistiger Notwehr mit dem definitiven Sinnspruch eines bedeutenden abendländischen Berufsdenkers jede in Gesellschaften und Debatten auftauchende Frage gezielt niederzuschlagen, statt wirklich zu beantworten. Zu mehr taugen die ehrwürdigen Philosophen nicht mehr; die großen Welterklärungs- und Weltveränderungssysteme sind geistige Trümmerhaufen, ihre codes geknackt. Die Philosophiegeschichte ist ein einziger gigantischer Ideen-Steinbruch und geistiger SB-Discount, Kostümfundus und Waffenarsenal für den täglichen ideologischen Selbsterhaltungsbetrieb.

Ein ‚Hochstapler' ist laut Lexikon ein ‚Betrüger, der sich durch weltmännisches Auftreten, falsche Titel, Namen und Adelsprädikate materielle und andere Vorteile verschafft'. Denken verschafft nicht einmal Geistesadelsprädikate. Der Betrüger in spe sollte nicht darum betrogen werden, was Denken eben *nicht* sein kann: es spielt sein Geld nicht wieder herein, wenn der Aspirant in Kreisen verkehrt, die philosophische Wahrheiten nicht als Währung anerkennen und nicht gekränkt sind, wenn ihnen kein Kant zugemutet wird, und nicht geschmeichelt sind durch die stillschweigende Unterstellung, ein beiläufig en passant fallengelassenes Hegel-Zitat verstehen oder gar durch einen Heidegger trocken parieren zu können. Diese Sinnfindungs-Angebotspalette hat nur Sinn für solche, die Wert darauf legen, für halbwegs gebildete Menschen zu gelten, und nicht geeicht sind auf mindere Existenzkampf-Valuta wie Bizepsvergleich, Wettsuff oder Beischlafstrichlisten.

Hier gilt es sich eher zu behaupten unter impotenten Snobs, Überkompensationschamps und prätenziösen Wichtigtuern. Unter Professoren und Hafenarbeitern leistet das Philosophieren vermutlich weniger Dienst, als sein Ladenpreis verspricht. Es ist weniger ein Wegweiser für Verirrte als für Irreführer und bietet eine Anthologie abschließender Bemerkungen, die jede Diskussion zu beenden versprechen, bevor sie recht anfangen kann. Es blufft weniger mit der Wahrheit als mit ewigen Binsenweisheiten von morgen. Es soll Bluffer bluffen und ist es wert, auf seine Eignung dafür getestet zu werden, Frauen zu verführen, die für Blaustrümpfe gehalten werden wollen, wie es früher hieß, (oder um Männer zu werben, die sich als Männer von Weltgeist ausweisen wollen.) Ein bißchen mehr als bloßes Namedropping sollte schon geboten werden, obwohl es angezeigt ist, dem Sentenzen-Schuß auf den Gegner den Namen des jeweiligen Philosophen folgen zu lassen (wenigstens den Namen irgendeines Philosophen von Rang). Kein Mensch wird es besser wissen oder nachprüfen wollen. Will sagen: Es ist besser, den Namen des Geisteshelden zu verwechseln als wegzulassen.

Philosophie und Metaphysik, Ontologie und Ethiko-Theologie gelten als heillos überzählige Ladenhüter von Anno Dunnemal; bitte profitieren Sie von dieser voreiligen Fehleinschätzung und kaufen Sie rechtzeitig die Lagerbestände an herrenlosen Gütern auf, um sie dann zu Höchstpreisen an Mann und Frau zu bringen. Da liegt in den endlosen Gängen der historischen Ablage viel Schweigegold herum, das nur darauf wartet, seinen Benutzer als geistreich gelten zu lassen (und dann vielleicht reich zu machen). Denken, nein danke?

Die Geschichte der Philosophien ist eine Geschichte von Irrsinn und Irrtümern, gewiß, aber wer hat sich schon glänzender geirrt (und andere irregeführt) als die Philosophen? Lieber so unterhaltsam danebenhauen und spinnen, als mit ewigen Wahrheiten langweilen, nicht wahr? Niemand könnte übrigens mit Philosophen bluffen, wenn diese nicht schon selbst große Bluffer gewesen wären. Es waren und sind die bedeutendsten Vorbluffer einer Epoche, ihren Opfern, d.h. Lesern immer um eine geistige Nasenlänge voraus: Wenn's rauskommt, ist es für Schüler und Fans zu spät, ein Teil ihres Lebens ist futsch. Von anderen Hochstaplern unterscheiden sich Philosophen auch dadurch, daß sie mit der Wahrheit übers Ganze bluffen, nicht über diese oder jene popelige Petitesse. Und können sie das Große Ganze schon nicht in den Griff kriegen, so wenigstens in den *Be*griff. Und ihre eigene Stellung darin kommt nie zu kurz.

Es gibt keine verderblichere Ware als die jeweils letzte ewige Wahrheit der Philosophen, und sobald etwas vergessen ist, kann es renoviert, reanimiert und für neu verkauft werden unter neuem Etikett. Auch der Kampf gegen ewige Wahrheiten hat als jüngster ewiger Wert an der Spekulationsbörse längst wieder abgewirtschaftet. Das Älteste ist das immer Neueste; nichts ist vergessener. Wir wollen die abendländischen Weisheiten handlich und mundgerecht serviert als geistige Suppenwürfelextrakte, nach Stich-und Schlagworten für alle alphabetischen Lebenssituationen pflegeleicht geordnet, das rechte (und linke) Wort zur rechten Unzeit als Instant-Nesphilosophie. Es steckt nichts dahinter, keine Angst; aber nicht nur beim Anwender, sondern auch weder bei Denkern noch bei Adressaten eines Geistesblitzkrieges.

Es sind sprachlos machende Sprachknüppel und zeitgewinnende linguistische Betäubungsmittel für den Nahkampfgebrauch. Wer Selbstdenker richtig zu placieren weiß, gilt als Selbstdenker und nicht als Nachdenker: Originell ist nur, wer Originale vorführen kann. Philosophen gelten seit langem als genau jene Sophisten selbst, aus deren Bekämpfung sie geschichtlich einst in Griechenland entstanden sind. Und umgekehrt darf sich jeder highly sophisticated guy einen Philosophen nennen.

Ein normaler Hochstapler gibt sich meist für reicher aus, als er ist (um reicher zu werden), ein philosophischer Hochstapler für geistreicher, als er ist. Er ist nur mal gerade nicht flüssig. Das heißt, der Adept lasse metaphysische Hintergründe mehr ahnen und spielen als auffahren und aus dem Sack. Wer in den angenehmen Geruch kommen will, nicht den Binsenweisheiten von heute zu folgen, muß denen von gestern folgen, die niemand kennt und deshalb die von morgen sein können — durch Sie.

Profitieren Sie ungeniert von der unbelesensten Unbildung und Pop & Comix-Kultur Ihrer Sparringpartner. Gerade der eminent schlechte Ruf, den Philosophie seit langem in Bezug auf ihren Wert fürs sogenannte Leben genießt, mag Ihnen Ihr Spiel erleichtern. Der Stein der Weisen ist nirgendwo mehr Stein des Denkanstoßes. Dein Bauch gehört dir? Ruf dem Philosophen frohgemut zu: Dein Kopf gehört mir! Keeping up with the Jones' by Plato? Und wenn der geneigte Leser am möglichen Wert dieser philosophischen Gassenhauer von gestern für die Beantwortung zeitgenössischer Fragen nach Frieden, Frauen, Forst und Vaterland zweifeln sollte, soll er mit der Gewißheit beginnen, daß der Zweifel die philosophischste aller Grundhaltungen überhaupt ist. Wer zweifelt, ob Philosophie heute noch ..., der ist schon ein Aushilfsphilosoph, ob er will oder nicht. Die Zeitung vom 1.1.1900 könnte heute unverändert erscheinen, wer würde das merken? Und Journalisten erholen sich umgekehrt von Tagesfragen bei den ewigen Wahrheiten.

Oh, wie so trügerisch ...

Philosophen sind die Blendwerkmeister des Denksports, und philosophische Hochstapler sollten den Ehrgeiz haben, andere philosophische Hochstapler hochgehen zu lassen. Die sind Ihnen zu hoch, weil sie zu tief denken? Philosophen üben sich weniger in elfenbeinturmhoher Selbstbespiegelung als in der Vorspiegelung falscher oder zu vollendeter Tatsachen. Was deutsche Denker betrifft, haben sie nie zuviel im berühmten Elfenbeinturm gesessen, sondern eher zu selten: Die Werke sollten wirken, und so kam meist weniger Besinnung heraus als bloße Gesinnung und weniger Erkenntnis als bloßes Bekenntnis. Große Nachdenker waren immer große Vormacher.

Wollen Sie professionellen Falschspielern ein bißchen in die Weltkarten gucken und einige Tricks abgucken? Folgen Sie den geistigen Falschmünzern in die Werkstatt, wo die Wahrheitswährungen hergestellt werden, die Blüten der Bewußtseinserweiterung. Hinter den Denkweisen stecken nicht nur Produktionsweisen, wie Marx sagte; hinter den Denkformen stehen immer auch Lebensformen. Das wahre Sein, das der Denker hinter dem bloßen Schein enthüllt, wollen wir nur als Schein nehmen: Hinter dem menschlichen Bewußtsein steckt nicht nur, wie Marx sagte, ein bewußtes Sein, sondern auch ein Un(ter)bewußtsein, wie Freud sagte. Hinter verblüffenden Bewußtseinszaubereien sind unbewußte Phantasmen zu entdecken. Die ach so rationalen Denkgebäude und Wolkenkratzer sind auch rationalisierte Verdeckungen von Sumpfböden. Die metaphysisch ‚letzten Gründe' sind oft nur erstbeste Gründe von Verletzten, erstklassige Abgründe mit anderen Namensschildern zu versehen. Nichts ist bei Philosophen verpönter, als persönlich zu werden, also sollten wir genau das tun. Es geht nicht um das billige Vergnügen der Zukurzgekommenen, den Großen dieser Welt ans Bein zu pinkeln. Wer hinter den reinen Hinterwelten die schmutzigen Hintergedanken ahnt, ermutigt nur den kleinsten Mann, es mit den Hochwohlgeborenen aufzunehmen. Hier wird nicht alles in den Dreck gezogen, was heilig ist. Hier lag schon immer im Dreck, was niemandem je wirklich heilig war. Die Psychoanalytiker entdecken nur die Scheiße im Gold, damit wir verstehen, wie wir Alchemisten aus unserer Scheiße nicht ewig Scheiße bauen, sondern Gold machen könnten.

Die großen Systeme und Prinzipien verdecken nur zu oft die große Angst vor dem zu kleinen Piepmatz, und das ‚Erkenntnisvermögen' des Verständers wird mal höher und mal niedriger eingeschätzt.

Wenn wir zum Beispiel hinter Martin Heideggers „Lichtung des Seyns" so etwas wie die Liebesgrotte und Leibeshöhle der Mutter Natur entziffern, wenn wir Heideggers „nichtendes Nichts" für nichts halten als das Nichts zwischen den Beinen der deutschen Mutter Erde, dann auch deshalb, weil wir umgekehrt erfahren wollen, was ein Denker sich bei so etwas wie Mutter und Schoß und Liebe alles so denkt. Daß hinter der „Seynslichtung" sich verschämt eine ewigweibliche Scheide verbirgt, ist mindestens ebenso interessant, wie daß Heidegger das weibliche Geschlecht umgekehrt so sieht, wie er die „Seinslichtung" umschrieben hat.

Philosophen leben nicht ihre geheimen Wünsche aus, und sie drücken sie so wenig aus, wie sie sie unterdrücken: sie geben sie für ganz etwas anderes aus. Sie wollen keine bloßen Meinungen der Menge, sondern die einmalige Wahrheit der Einzelgänger. Aber in Wahrheit meinen sie meist etwas anderes, als sie zu sagen glauben (anders als die Menge). Sie gucken ihre Privatmacken in die ganze Welt hinein und unterstellen aller Welt ihre eigenen fixen Ideen, um sie leichter ertragen zu können. Und was das Wichtigste ist: die Bluffer machen nicht nur uns etwas vor, sondern auch und zuerst sich selbst, damit wir es ihnen nachmachen. So stehen sie in ihren eigenen und unseren Augen höher da, als sie sich zutiefst ahnen müssen, um überhaupt ihre Schwächen als Stärken verkaufen zu können und aus ihren Nöten Tugenden zu machen. Es ist allzumenschlich, ja, aber auch allzumenschlich, ihnen auf die Schliche kommen zu wollen. Die wahre Rückseite der Dinge, die uns die Denker so gern zeigen, ist das, was sie hinter ihrem eigenen Rücken treiben. ‚Ich denke' heißt: Die anderen sollen denken, daß ich ... Die platonischen ‚Ideen': fixe Ideen? – Philosophen, wenn sie auf sich selbst hereinfallen, wollen wir nicht mitfallen, auch wenn's uns gefällt. Sie spiegeln vor, daß sie das Ganze im Großen und Ganzen wenn schon nicht im Griff haben, so doch wenigstens im Be-griff, der oft nur ein B-Griff zweiter Wahl ist.

Philosophy is a bluff to end all bluffs.

Hier wird keine neue Philosophie geboten, sondern nur ein neuer Trick verraten, um alte philosophische Nüsse zu knacken, ob nun hohl oder nicht. Wer Philosophen nicht besser versteht, als sie sich selbst verstanden haben, hat sie überhaupt nicht verstanden, und das ist die schweigende Mehrheit. Aus der Not, kein Verständnis für Philosophie zu haben, macht nicht nur der Snob eine Tugend. Die Engländer nennen den Teufel ‚Hero-trickster'. Ist dem fortgeschrittenen Bluffer gezeigt, wie die Dechiffriermaschine arbeitet, die die unbewußten Phantasien aufspürt hinter dem Imponiergehabe der metaphysischen Begriffsarchitekturen? Der Bluffer läuft keine Gefahr, auf Konkurrenten zu treffen, die diese Methode schon kennen: Sie hat hier Premiere.

Sie stammt von Sigmund Freud, der am Lebensende bedauerte, kein zweites Gelehrtenleben zu haben, um diese ‚Hochwohlgeborenen', eben die Philosophen, auf den (fliegenden) Teppich runterzuholen. Der Bluffer stellt Philosophen hin als Menschen, die keinen Bluff ihrer Vorgänger auffliegen lassen konnten, ohne selbst eine neue, bisher noch nicht bekannte Abart zu erfinden und ihren Nachfolgern und uns zu hinterlassen, die wir uns auf die Spielregeln nicht einlassen wollen, sondern die Regeln suchen, nach denen die Philosophen ihre Spielregeln erfunden haben. Mir leuchtet selten ein, was einem Denker selbstverständlich war, aber mir leuchten die Erklärungen ein, warum es ihm einleuchtete. Die erste Tat des Diplombluffers besteht darin, den Bluff anderer zu durchschauen oder so zu tun, als habe er ihn durchschaut. Wer anderen etwas vormachen will, darf sich selbst nichts vormachen und nichts vormachen lassen. Weil das unmöglich und doch nicht zu kapitulieren ist, bleibt nur der bluff to end some bluff.

Der Philosoph unterscheidet sich vom bloßen Sophisten dadurch, daß er uns nichts vormachen will, sondern sich und uns nichts vormachen lassen will. Er will lieber täuschen, als sich täuschen zu lassen, und lieber enttäuscht werden durch die Entdeckung, daß hinter dem Großen Vorhang nichts ist statt wenigstens Du und ich und er. Ob er nun nicht hereinfallen will auf den Trug des Augenscheins oder auf den Betrug des Verstandes, meist will er nur den Bluff anderer durch eigenen überbieten, um Sieger zu bleiben. Und wer kann Bluff mit Wahrheit vergleichen, ohne Bluff mit Bluff zu vergleichen? Ob du nun den Bluff für Wahrheit hältst oder die Wahrheit für den Bluff aller Bluffs, mancher hält es für das einzig Wahre, mit den Bluffern zu bluffen und sie zu verblüffen. Philosophie wollte immer Schau hinter die Große Show sein. Sie beginnt mit dem Staunen darüber, daß alles nur Reklame und Verpackung und viel Lärm um nichts ist. Der philosophische Hochstapler muß nicht nur vorspiegeln, etwas von dem zu verstehen, wovon er nichts versteht, sondern auch, daß er nichts von dem versteht, wovon er etwas versteht.

Von Hinterweltlern wird der Philosoph gern Hinterweltler genannt, weil er die Hinterwelten von Hintermännern erkundet und sich für Hintergründe interessiert, die manchmal Abgründe sind. Er ist kein Fassadenmaler und Fassadenkletterer, wenn man ihn dabei ertappen kann, inmitten unserer Um- und Innen- und Arbeitswelt ganze Halb- und Über- und Unterwelten zu observieren. Die ollen Griechen, mit denen es begann, sahen überall den Ruf nach *Luft* oder (Frucht)*Wasser* oder (Liebes)*Feuer* oder (Mutter)*Erde*. Sie trauten weder den eigenen Augen noch dem Verstand der anderen. Im Mittelalter wurde der einzige, dem jeder traute, ‚Gott' genannt, der selbst niemandem traute: So hatte man einen Maßstab. Karl Marx sah, daß das wahre Sein hinter allem bloßen Schein nichts als ein Geldschein ist: Der bestimme den ‚Bewußtschein'. Als der Idealist Immanuel

Kant die nackte Mutter Natur enthüllte, sah er nur seinen eigenen „Akt". Er sah phänomenale Traumbilder und sein Wunschdenken, das nie das Ganze in den Griff kriegt, nur in den Begriff. Er idealisierte Mutter Natur nach Schema F, weil er sie nie erkannt hat wie Adam seine Eva. Aber Kant war selbstkritisch genug zu erkennen, daß es keine wirkliche Erkenntnis ohne sinnliche Erfahrung gibt und daß die reine Einbildungskraft nur die eine Seite der Sache selbst ist, zu der er kommen wollte. Wenn der Ver-Ständer vor dem Widerstand seines ‚Erkenntnis'-Gegenstandes steht, muß dieser ihm schon sinnlich entgegenkommen. Johann Gottlieb F-ich-te schritt dann zur „Tathandlung", gut deutsch. Bei ihm waren die nackten Tatsachen rein männliche „Akte".

Wer lange genug hochstapelt, denkt am Ende tief genug, daß es anderen zu hoch ist — und zuviel wird. Man wird ihm geben, was er haben will, nur um ihn endlich loszuwerden und ihm das Maul zu stopfen. Wer lange genug mehr scheint, als er ist, wird schließlich selbst, was er scheint. Wer lange genug ein Gefühl spielt, wird es am Ende stärker empfinden als der, der's von Natur aus hat.

Wer nur lange genug Gedanken vorspiegelt, wird schließlich auf sie kommen. Wer bluffen will, muß verblüffen können, und wenn nicht durch Sachkenntnis, dann durch Paradoxe. Philosophie ist Sachkenntnis darüber, wie und wie oft an einer Sache haarscharfsinnig vorbeigedacht wurde. Bevor einer philosophiert, weiß er gar nicht, auf wieviel verschiedene Arten man spinnen und auf welche Weisen die Weisen ihre Sophie verführt haben, mit ihnen einzuschlafen. Nicht erst seit Kant ist bekannt, daß Frau Welt wahrscheinlich anders ist, als sie uns erscheint. Sie verstellt sich. Hinter dem Wahrschein ist wahrscheinlich gar nichts, und dieses Nichts als das Sein selbst erscheinen zu lassen, ist das Geschäft der philosophischen Zauberkünstler, Taschenspieler und Cagliostros. Hegel hat es vom Bewußtsein her gesagt und Heidegger vom Sein aus: „Das Sein ist dasselbe wie das Nichts."

Der Bluff verblüfft immer durch einen Taschenspielertrick: A ist nicht A, sondern etwas ganz anderes (nämlich B oder wenigstens Non — A). A ist ‚nichts als' Nicht — A. Ich bin nicht Ich, sondern nichts als Nicht-Ich (Unter-Ich oder Über-Ich). Zugleich ist jedes Teil natürlich auch das Gegenteil seines Gegenteils: Und beide Urteile dasselbe bedeuten lassen, — das ist die Hohe Lebenskunst, mit Pokerface vorzutragen als Mysterienspiel für bauchgekitzelt Eingeweihte.

Philosophen — Blender, Motivateure oder geistige Immobilienhändler? Philosophische Hoch — Stapelei heißt für den Mann auch: Wer kriegt IHN (wenigstens meta-physisch oder meta-phorisch) höher als alle, die IHN physisch und sozial hochkriegen?

Seit dem 19. Jahrhundert leben Philosophen, besonders in Deutschland, weniger *nach* ihrer Philosophie als *von* ihrer Philosophie. Sie sind widerlegt schon dadurch, daß Vater Staat sie zu seinen Dienern macht, statt von ihnen zum Teufel gejagt zu werden. Sagen Sie zu einer Frau bitte: „Ich wäre lieber Philosoph als Programmierer, wenn Frauen sich für Philosophie interessieren würden (oder sich wenigstens sagten: Ich wäre gern Philosophin, wenn Männer sich für Philosophinnen interessierten.)"

Hat je ein Denker eine Frau verführt —
durch seine Philosophie statt trotz seiner Philosophie?

Philosophen sind meist männlichen Geschlechts. Feministinnen haben das inzwischen so oft rügend hervorgehoben, daß der Verdacht sich aufdrängt, sie hätten wieder einmal nichts verstanden. Es gibt so viele Philosophinnen wie Komponistinnen, nämlich so gut wie gar keine. Es gibt nicht deshalb keine weiblichen Philosophen (von Rang), weil sie von autoritären Männern am Denken gehindert werden, sondern weil sie das, was seit dem griechischen Altertum im Abendland unter Philosophie zu verstehen ist, einfach nicht nötig haben, um Menschen und Frauen zu werden. Griechisch verstandene Philosophie, und Griechenland war die sogenannte Wiege der westlichen Philosophie, bringt auf den Begriff, wie aus Jünglingen Männer werden und keine kleinen Mädchen. Nur Europa hat so etwas wie Philosophie im engeren Sinne hervorgebracht, weil es nach Ansicht des Orients immer der „Kontinent der Weiber" war.

Die Juden kennen sowenig Theologie wie Philosophie, weil sie als einzige lehren, daß Männer erwachsen werden, indem sie ihre Väter übertreffen, und ihre Väter nicht bekämpfen, indem sie die umbringen, sondern indem sie selbst Väter werden. Das haben die Griechen und Römer und Germanen bis heute nicht begriffen und deshalb die Juden um ihre Überlegenheit stets beneidet und das heißt verfolgt. Die Juden waren immer Männer, die Griechen Hampelmänner.

Griechische Ratio, das war immer der rationalisierte Versuch, von den Müttern loszukommen und Mann zu werden, ohne Vater zu werden. Ein Mann zu werden, schien allen Völkern stets gefährlicher und gefährdeter zu sein als die ‚Weibwerdung eines Mädchens', die fast von allein und ‚von Natur aus' glückt.

Behaupten Sie also in Gesprächen einfach, daß ‚Philosophie' die Lehre von der geistigen Geburt und Entbindung des Mannes ist, seine geistige Entwöhnung vom Busen der Natur. Und daß die griechische Philosophie, unter der wir bis heute zu leiden haben, das Kunststück fertig bringen wollte, Kinder glücklich von ihren eigenen Eltern zu befreien, ohne daß sie Eltern eigener Kinder werden müssen. Da haben sich vor über 2000 Jahren erwachsene Männer darum gesorgt, daß werdende Männer keine Knaben bleiben und doch keine Familienväter werden. Mit viel geistiger und leiblicher Gymnastik sollte dieser normalerweise vorübergehende Schwebezustand zwischen Infantilität und Reife verewigt werden. Wenn Philosophie stets Männersache war, dann nicht aus Geringschätzung, sondern aus Hochachtung für Frauen (die keine Philosophie brauchen, um keine Männer zu werden oder keine Mädchen zu bleiben). Männer haben nicht tief darüber nachzudenken, wie sie Macht *über* Frauen gewinnen, sondern Macht *über* ihre Sehnsucht zurück in den Mutterleib, aus dem sie kommen. Eine Frau emanzipiert sich von ihrem mütterlichen (mater-iellen) Ursprung, indem sie ihr eigener Ursprung wird:

Um von ihrer enttäuschenden Mutter loszukommen, wird sie selbst eine Mutter, ganz einfach. Die Frau wird geboren von ihresgleichen, der Mann aber vom ‚anderen Geschlecht'. In gewissem Sinne ist es schwieriger, ein Mann zu werden als eine Frau, und deshalb dauert es meist auch länger, falls es überhaupt klappt. Dem Mann wird schon im zarten Kindesalter zugemutet, sich von dem Geschlecht zu lösen, das ihn anzieht, und er wird von dem Geschlecht angezogen, von dem er sich lösen soll. Er muß sich vom Weib trennen, um sich mit dem Weib verbinden zu können, und er muß sich mit einem Weibe verbinden, um sich von einem Weibe trennen zu können. Das ist manchem so problematisch, daß er eine eigene Philosophie dazu braucht und daraus macht. Behaupten Sie einfach, daß in Griechenland die Philosophie erfunden wurde, weil die Griechen mit diesem Problem nicht fertig wurden, und daß wir bis heute in diesem Sinne weiterphilosophieren, weil wir nicht weiter als die Griechen kommen. Was nun wieder nicht heißt, daß alle, die der Philosophie spotten, freie Menschen sind, ganz im Gegenteil: Die meisten Leute verachten die Philosophie nicht, weil sie den Kinderkram hinter sich haben, sondern weil sie den Versuch, erwachsen zu werden, gar nicht erst machen wollen.

Und *wer* nun als erwachsener Mensch gelten kann und als gestandener Mann, ist natürlich selbst schon eine zutiefst philosophische Frage, die an Psychologen weitergereicht wurde, seit die Philosophie vergreist ist oder kindisch wurde. Seit den ollen Griechen neigte Europa mehr zum schwulen Marlboro-Cowboy als zum Patriarchen im Schoß seiner Großfamilie. Und wenn der neueste Feminismus den heutigen Männern vorwirft, zu männlich zu sein, dann ist das natürlich blanker Hohn oder Ironie. Wenn Frauen heute Männern vorwerfen, sie seien Männer, schauen die Männer eher geschmeichelt als geknickt drein — und nicken, bis sie Softies genannt werden. Durch die Art, wie SIE IHN zu männlich nennt, läßt SIE natürlich nur durchblicken, daß SIE IHN für das genaue Gegenteil davon hält, und das will ER natürlich nicht merken, weil …

Statt sich bei der männlichen Ehre gepackt zu fühlen und endlich wirklich der ganze Kerl zu werden, den Eva in ihm weniger sieht als zu sehen vorgibt, tut Adämchen alles, um noch unmännlicher zu werden, als er nun ohnehin schon seit längerem ist.

Erst war aus dem gestandenen Mannsbild ein dummer Junge geworden, jetzt wird aus dem ewigen Halbstarken ein Riesenbaby oder eine weinerliche Tunte oder ein Marlboro-Typ, der seine Goodies haben will. Dabei haben es die Frauen nun wirklich geschickt und behutsam genug angefangen, um den Herrn der Schöpfung nicht kopfscheu zu machen. Um ihn sanft zu bewegen, doch noch das zu werden, was sie ihm vorwerfen, nämlich ein Patriarch, haben sie ihm vorgehalten, nicht das zu sein, was er doch geworden ist: ein altes Waschweib und ein Hampelmann.

Diskreter konnte Eva in dieser delikaten Sache nun wirklich kaum vorgehen. Natürlich will eine Frau, die eine ist, einen Mann, der diesen Namen verdient, sie also entfernt erinnert an ... Also einen Mann, der eine Frau will, die eine ist, weil sie einen Mann will, der ... Kurz: Mit diesen Männern heute ist nur Sozialstaat zu machen und gegen sie Pferde zu stehlen. Erzväter? Mein Gott.

‚Philo-Sophie' scheint so sehr etwas von Männern für Männer zu sein, daß keine Gleichberechtigung Frauen bewegen kann, ihr Recht zu philosophieren nun auch in Anspruch zu nehmen oder ihr Nachdenken bis zur Philosophie zu übertreiben. Europäische Philosophie war ein geistiger Männlichkeitsritus, eine Initiationslehre für Jünglinge, ein Episode aus der Jugend der Menschheitsgeschichte.

Heute sind Männer entweder zu wissenschaftlich vergreist oder zu analphabetisch infantil, um ein Bedürfnis danach zu verspüren. Sophia ist out. Philosophie war zwischen Religion und Naturwissenschaft so etwas wie die Jugendkultur der abendländischen Geschichte, die Lehre vom Übergang der Kindheit ins Mannesalter. Sie bleibt etwas für Halbstarke im Geiste.

Als Europa noch keine sklerotische Großmutter war wie heute, sondern ein Baby in Windeln, beschäftigten sich die Philosophen in der Kindheit des Denkens mit dem Denken an ihre Kindheit. Die Philosophie hat sich entwickelt, und das ist ganz wörtlich zu nehmen. Vor gut zwei Jahrtausenden schlug das Menschenkind die Augen auf am Busen der Mutter Natur: Menschheit war Kindheit, und Menschlichkeit war Kindlichkeit. Heute ist das von den Griechen inspirierte Berufsdenken bei den Perversionen ewiger Pubertät angekommen, obwohl Europa selbst längst eine unwürdige Greisin geworden ist, die sich für blutjung hält.

Entgegen einem verbreiteten Vorurteil macht das Denken in der Philosophie Fortschritte, von Rückschritten angefeuert. Nur der Begriff „Fortschritt" macht leider keinen Fortschritt. Philosophie schreitet langsamer fort, als die einen denken, aber rascher, als die anderen denken. Heute ist Philosophie kein Kinderspiel für Kinder mehr, aber auch noch keine Sache von Patriarchen. Das Patriarchat ist eher eine Utopie als eine Mumie. Seit Moses und den Propheten hat es kaum je wieder Patriarchen gegeben. Das war ein schnell erstickter erster Anfang gewesen, ein von den Feinden der Juden überall ausgetretenes Feuer. Als philosophischer Hochstapler sollten Sie nicht versäumen, in frauenbewegten Kreisen daran zu erinnern, wenn wieder einmal nach der Niederlage des Patriarchats gerufen wird (als seien die Patriarchen mit den Juden noch immer nicht ganz ausgerottet worden.)

Die Zeiten sind voll von Klagen und Anklagen der Frauen, die unter der Lust und Last von Männern erdrückt werden, die keine sind. Die Patriarchen von gestern waren alte Weise, die Männer von heute sind dumme Jungen, die die Brutwärme der Kollektive und Volksgemeinschaften suchen, weil sie als Kinder zu wenig (und seltener einmal zu viel) Nestwärme erlebt haben — bei spartanischen Müttern, die an ihren Kindern erstickten, weil ihre Männer selbst zuviel ewige Söhne waren, um ihren eigenen Söhnen helfen zu können, Männer zu werden und keine Hampelmänner. Kurz: Die Küken bleiben im Welt-Ei.

Männer, die nicht entwöhnt sind, suchen den ‚Verkehr' mit sich und ihresgleichen und nicht mit dem anderen Geschlecht. Die europäischen Philosophen von Athen bis Berlin waren immer eher homophil (osophisch)e Männer als wirkliche Patriarchen. Als moderne Technokraten gleichen diese unmännlichen Männer sich *die* Natur an statt *der* Natur. Ihre Liebes-Technik besteht darin, Mutter Natur naturwissenschaftlich zu vergewaltigen, um nicht erdrückt zu werden von ihrer Übermacht übers vaterlose Menschenkind. Adorno hat das Geheimnis unseres totalitären Zeitalters gekannt: „Totalität und Homosexualität gehören zusammen." Und: „Das Ganze ist das Unwahre."

Die heilende Ganzheit ist es, die unsere alten Jungbewegten heute wieder suchen. Erst wollen sie das Ganzheitliche, und dann gehen sie wieder aufs Ganze, wie gehabt, diese Hochstapler, die sich für Erwachsene ausgeben.

Die meisten Philosophen sieht man das Sittliche gegen das Sinnliche verteidigen, die Pflicht gegen die Neigung, das ‚autonome' Sollen gegen die als ‚heteronom' verschrieene Willkür, weil die Affekte die

Seelenruhe stören. Die eigensten Triebe werden als bedrohlich fremd empfunden, ob nun als Gegner des Gewissens oder der Selbsterhaltung oder von beidem. Meist geht es eher um Gleichgewicht als um bürgerliche Moral, manchmal um beides.

Im einzelnen ist zu prüfen, ob ein Denker, wenn er Triebverzicht empfiehlt oder fordert, puritanische Askese will oder die Abwendung von kindlichen Befriedigungen. Manchem geht es eher gegen Infantilität, anderen gegen Beunruhigung.

Einige schütten das Kind mit dem Bade aus und verurteilen den Trieb mit der kindischen Fixierung.

Für weise gilt die Mitte zwischen Inzucht und Unzucht, zwischen ‚Selbsterkenntnis' und ‚Fremdgehen'.

Jeder soll sich selbst mit einem ganz anderen Menschen betrügen, aber nicht diesen wieder mit einem weiteren. Einer unter anderen werde einer über allen. Ein Einzelner wird der Einzige für die Einswerdung mit ihm, aus der ein neuer Einzelner hervorgeht.

Zucht wird verlangt — gegen Sucht und Inzucht vor allem; der Mensch soll geboren werden und den Schoß der Mutter Natur verlassen, um Mensch zu werden. Die wahre Unzucht ist erst einmal die Inzucht. Gegen die Unzucht der Inzucht ist Unzucht fast schon wieder züchtig.

Man hat sich angewöhnt, in der klassischen griechischen Antike den Sieg des Patriarchats über Jahrmillionen gynäkokratischer Mythologie zu feiern oder feministisch zu verwünschen. Triumphierte in der Tragödie des Sophokles etwa nicht der Lichtgott Apollon über die rachegöttlichen Erynnien vor dem athenischen Gerichtshof (Areopag)? Orest hatte seine Mutter Klytaimnestra samt seinem Stiefvater Aigisth umgebracht, weil beide seinen Vater Agamemnon getötet hatten. Der Sohn tötete seine Mutter, die seinen Vater getötet hatte, — und wurde freigesprochen. Sühnte da plötzlich ein Muttermord den Gattenmord? Und wer sind die Fürsprecher des Orestes?

Die jungfräulich unfruchtbare Amazone Pallas Athene, die seinem bloßen Kopf entsprungene Lieblingstochter des Zeus, und der ‚fernhintreffende' Mathematikergott A-pollon (Nicht-pollution), der von der Pollution und vom Samen sich reinwäscht, statt zu zeugen; nomen est omen.

An der Wiege der abendländischen Kultur siegt weniger ein Patriarchat über die alten orientalischen Muttergottheiten Ishtar, Innana, Isis, Kybele, Durga, Astarte etc. als vielmehr der platonische Uranismus über die judaisch-islamischen Vaterreligionen. Auf dem sokratischen Symposion bei Plato herrscht Eros nicht als ‚Logos spermatikos', der im weiblich Schönen nun auch zeugen würde. Die maieutische Hebammenkunst des Hebammensohnes Sokrates, der mit A-pollon gegen Dionysos steht, entbindet nur vom „Wissen um das eigene Nicht-wissen": Erkannt wird nur das Unvermögen, Mutter Natur zu ‚erkennen'. Das begriffliche Konzept verhütet die handgreifliche Konzeption. Der platonische Logos zeugt nicht mit der Physis des ganz anderen Geschlechtes Kinder, sondern thront fleckenlos rein darüber.

Sprache und Verstand werden Selbstzweck. Die Sprache spricht über sich selbst, über ihre Unfähigkeit, über etwas anderes zu sprechen. Der Verstand versteht nicht einmal sich selbst, wo er keinen Widerstand eines Liebesgegenstandes mehr zu brechen sich zutraut.

„Erkenne dich selbst!" forderte Sokrates als höchste philosophische Aufgabe. Aber wie soll ich mich selbst erkennen, wenn ich nichts als mich selbst erkenne?

Moses und die Propheten hatten gefordert:

Erkenne dich selbst im anderen (Geschlecht) und den anderen in dir selbst. Und behandle den anderen wie dich selbst und dich nicht besser als ihn, du bist wie er. — Q. e. d.

Am Anfang waren Natur und Geist, Natur und Geschichte, Natur und Gesellschaft, Menschliches und Unmenschliches noch gar nicht getrennt. Der Einzelne ist noch nicht herausgetreten aus dem Großen Ganzen, er ist ‚in the swing of things', kann Innen- und Außenwelt kaum auseinanderhalten und hält die grausamen Gesetze von Mutter Natur für die eigenen, die er sich selbst gegeben hat: Nur so läßt sich ihre Übermacht ertragen.

Natur: Das ist alles, wovon sich das erst schwache menschliche Ich zugleich abhängig und geborgen fühlt. Eine zweischneidige Sache. Mutter und Vater, Eltern und Kinder, das sieht sich noch zum Verwechseln und Vertauschen ähnlich. Das kleine Menschenkind schaut noch kaum aus dem ‚Sozial-Uterus' der frühen Kollektive heraus, um die Augen aufzuschlagen, sich umzublicken und das Ganze zu übersehen, in dem es steckt.

Die ersten abendländischen Philosophen, die diesen Namen verdienen, weil sie mit Begriffen nach dem Ganzen griffen, waren deshalb Mater-ialisten. Sie sahen alle Dinge aus dem Mutterschoß der mater-iellen Natur entstehen und dorthin wieder zurückgehen, wenn ihre Zeit um war: Philosophie entstand aus Ursprungsmythen. *Thales* aus dem kleinasiatischen Milet lehrte, daß alles aus dem (Frucht-)Wasser der Mutter Natur kommt und ins Wasser gehen will: Der ‚Vater der europäischen Philosophie' ruft nach der Mutter. — Luft, Luft, ruft *Anaximenes*, ein anderer ionischer Urmater-ialist, es ist alles nur Luft, mal dicker, mal dünner; und der Mensch geht in die Luft, damit nicht alles in die Luft fliegt. Er braucht Luft und ist Luft für die anderen zugleich.

Bei *Parmenides* aus Elea ist das „Sein" gedeutet als die volle Bauch-„Kugel" der Mutter Natur. In diese selig in sich ruhende Mutter-Kind-Einheit hat sich noch keine Vielheit und Verneinung, kein Werden und Vergehen störend eingemischt:

„Dasselbe nämlich ist Denken und Sein."

Die Personalunion von Mutter und Kind soll verewigt werden. Diesen embryonalen Zustand nennt Parmenides: „Sein". Er raunt: „Es ist nämlich Sein." Und sonst nichts. Und dieses Nichts will das Kind nicht: Nicht heraus ans Licht der Welt und der Vernunft. Der Sinn des Lebens besteht für Parmenides darin, zu diesem paradiesischen Idealzustand schleunigst zurückzukehren aus der wirren Qual der zerstreuten und vergänglichen Weltdinge, die als bloßer Schein disqualifiziert werden.

Das Vorzeitliche wird zum Überzeitlichen. Die Sehnsucht zurück in den stillen, warmen, dunklen, feuchtweichen Mutterschoß aus aller Weltgefährdung hat hier ihren ersten philosophischen Ausdruck gefunden. Heidegger hat dem über zwei Jahrtausende später fasziniert und faschisiert nachgespürt.

Hier ist Ruhe, Halt und Sicherheit vor Wandlung, Vielfalt und Untergang. Auch sein Gegenspieler *Heraklit aus Ephesus* zielt auf diese harmonische Ur-Einheit: „Alles ist eins." Aber er kann im Gegensatz zu Parmenides schon nicht mehr umhin, die beginnende Unruhe, Entwicklung und widersprüchliche Zerrissenheit im Herzen der ‚Seinskugel' zu berücksichtigen. „Alles fließt, und niemand steigt zum zweiten Mal in denselben Fluß":

Es gibt kein Zurück zur Mutter Natur und zur Einheit mit ihr. Die westliche Philosophie nimmt seit Heraklit zur Kenntnis, daß das Menschenkind sich von der Monokultur zwischen Mutter und Kind lösen muß, das Sub-jektive vom Ob-jektiven. Das menschliche Dasein entsteht aus dem natürlichen Sein, aber seine Selb-ständigkeit gewinnt es erst aus der fortschreitenden Ablösung von der Identität mit der Urmutter. Nur als Wesen, das sich frei macht, bleibe ich im mütterlichen Schutz geborgen, und nur mit diesem Halt im Rücken wage ich die ersten Schritte ins Leben hinaus. Sein? Ja, aber nur durch Werden hindurch, als Resultat am Ende und als Ziel.

Der „Urdialog von Mutter und Kind" (René Spitz) wird die Keimzelle der berühmten Dialektik, wie sie Hegel von Heraklit sich abguckte. Gleichzeitig mit dem großen Unterschied zwischen Mutter und Kind tritt der kleine Unterschied zwischen Vater und Mutter in den Gesichtskreis des bewußt werdenden Menschenkindes.

Was vorher ruhige Differenzierung war, ist plötzlich heftiglaute Differenz. Bloße Teilungen werden Gegensätze, Unterschiede verschärfen sich zu Widersprüchen zwischen den Geschlechtern und Generationen unterm gleichen Dach der noch kleinen Welt. Wenn es also überhaupt noch Vereinigung der Gegensätze gibt, dann nur noch durch diese auszutragenden Widersprüche hindurch, nicht vor und unterhalb der Zwiespalte. „Die Natur liebt es, sich zu verbergen." Mutter Natur ist dem Kinde nicht mehr naiv zugänglich. Sie enthüllt sich ihm nicht mehr wie selbstverständlich in ihrer nackten Wahrheit, sobald das Duo erweitert ist durch Auftritt des väterlichen Dritten im Bunde, der seinen Schatten wirft.

Der selige Dialog der beiden wird zur unseligen Dialektik. Die Ur-Einheit ist nur noch Einheit ausgebrochener Gegensätze, nicht mehr Einheit vor oder über ihnen: „Der Weg hinauf, der Weg hinab — derselbe Weg."

Ziel bleibt für den Erdensohn natürlich seine Wiedervereinigung mit Mutter Erde, aber das ist nach dem Auftauchen des väterlichen Realitätsprinzips nun nicht mehr so einfach möglich. An ihm geht kein Weg vorbei (nur „Holzwege“, die Heidegger für philosophische Heerstraßen hielt). Das Paradies ist verloren und nur noch Erinnerung ans Goldene Zeitalter vor der Geburt. Das Menschenkind ist mit Mutter Natur nicht mehr allein und all-eins. Der Vater ist der Erzengel mit dem Flammenschwert in der Hose; er steht vor dem Tor zum Garten Eden der Kindheit und verstellt dem Kind die Rückkehr, seit es selbst auf den Geschmack gekommen und vom ‚Baum der Erkenntnis‘ gegessen hat. Es hat erkannt, was gut schmeckt: Mutter Natur zu ‚erkennen‘ — wie Adam und Eva einander ‚erkannten‘, als sie erkannten, daß sie nackt waren.

Die Welt sei ein Feuer, das auflodere und verglimme, immer aufs Neue: Bei Heraklit kommt alles aus der Liebesglut und wird verbrannt vom Feuer der Leidenschaften. Philosophie sei Spiel des Weltenkindes.

Der Krieg (mit dem Vater) wird Vater aller Dinge. Der Friede ist der Vater von gar nichts, sondern faul.

„Aus allem wird eines und aus einem alles.“

„Sich wandelnd ruht es.“ „Unsichtbare Harmonie ist stärker als sichtbare.“ „Das Auseinanderstrebende vereinigt sich, und aus dem Verschiedenen entsteht die schönste Harmonie.“ Nur durch Abnabelung von der Mutter und Einigung mit dem Vater kann der Erdensohn hoffen, eines schönen Hochzeitstages sich mit ihr wiederzuvereinigen — indem er selbst der Vater wird, der ihm im Wege steht. Zu sich selbst kommt Heraklit erst später bei Hegel wie Parmenides bei Heidegger. Erst dort streifen beide ihre Zweideutigkeit ab bis zur Kenntlichkeit.

Wer und was das Menschenkind zwingt, die glückselige Zweieinheit mit Mutter Natur aufzugeben, bei Strafe des Untergangs, das ist bei Heraklit noch nicht beim Namen genannt.

Erst bei *Platon* betritt das Prinzip Vater die philosophische Bühne (der Heraklit über Parmenides hinausgetrieben hatte, ohne sich zu erkennen zu geben.)

Erst Platon hat eine wirkliche *Idee* vom Vater (wenigstens vom geistigen, der ein Homoerotiker ist). Die Differenz im Herzen der Natur ist die Differenz zwischen Idee und Erscheinung: die Differenzierung zwischen Mutter und Sohn ist die Differenz zwischen Vater und Sohn. Davon hatte Plato eine Idee, die nie wieder ganz vergessen, aber bis zur Unkenntlichkeit später entstellt wurde. Der Vater drängt sich zwischen Mutter und Kind, und paradox ist dem Kinde die Wiedervereinigung mit Mama in Aussicht gestellt für den Fall, daß es wie der Vater wird, der es von ihr trennt.

Mit dieser Banane wird der Erbe des Affen aus dem Urwald gelockt. So tritt die Idee vom Vater nicht nur als Schreckgespenst auf, sondern als Vorbild für den Sohn. Er ist Hindernis und Mittel auf dem Weg zurück zu den Müttern, er lockt und droht zugleich. Die Kunst Platons besteht darin, die Unterwerfung unter die väterlichen (Sonderan-)Gebote dem Kind als einziges Tor zum Reich des Ewigweiblichen schmackhaft zu machen. Erst als sein eigener Vater ist dem Sohn die Mutter versprochen, nicht eher. Natürlich hat Papa dabei den listigen Hintergedanken, der die meta-physische Hinterwelt eben ausmacht, daß Sohnemann darüber Mama vergißt und später häßlich alt genug findet, um sich in eine ‚schöne Fremde' (Eichendorff) zu vergaffen. Darauf spekuliert Vati, und darauf beruht auch Platos philosophische Spekulation, die keine an der Weltbörse ist.

Scheinbar muß Sohnemann vom Weibe lassen, aber es scheint nur so. In Wirklichkeit ist das der einzige Weg, zum Weibe zu kommen. Scheinbar ist Papa sein Erzfeind, aber es scheint nur so. Nur durch ihn hindurch kommt der Erdensohn an Frau Welt, nicht an ihm vorbei oder über seine Leiche. Ist das die platonische ‚Idee'?

Oder nur höherer Bluff?

„So mögen alle, die von ihrem höheren Standpunkt verächtlich auf die Psychoanalyse herabschauen, sich erinnern lassen, wie nahe die erweiterte Sexualität der Psychoanalyse mit dem *Eros* des göttlichen Plato zusammentrifft." (Sigmund Freud, Vorwort 1920: ‚Drei Abhandlungen zur Sexualtheorie').

Im allgemeinen verstehen Philosophen ebensoviel von Psychologie wie Psychologen von Philosophie, nämlich gar nichts. Ausnahmen waren Nietzsche und Freud. Sonst hielt der Bluffer den Bluffer immer für den Oberbluffer.

Die Liebhaber der Sophie, ganz familiär, und woher kam das Geld?

Im Gedenken an die Großdenker:
Philosophiegeschichte in Philosophengeschichten

Antworten auf die Fragen:
Aus welchen Familien kamen sie, welche haben sie (haben sie welche) gegründet, und woher kam das liebe Geld?
Wofür und wovon, für wen und von wem lebten sie?
Und woran dachten sie, wenn sie nicht nachdachten?

Schon der erste abendländische Philosoph, *Thales* von Milet, lebte ehe- und kinderlos. *Sokrates* war Opfer einer Xanthippe, die sein Opfer war, und sein Schüler *Plato* war Päderast. Dessen Schüler *Aristoteles* war Vater zweier Kinder und doch Sklave der Hetären. *Augustinus* und *Thomas* von Aquin entsagten weiblicher Gesellschaft. *Spinoza* und *Pascal* starben früh ohne Weib und Kind. *Kant* und *Kierkegaard*, körperlich verwachsen, blieben unberührte Jünglinge, beide lösten Verlobungen aus Angst vor dem Weibe. *Hegel* war glücklich verheiratet mit einer Frau, die seine Tochter hätte sein können und der er die Fähigkeit absprach, ihn je glücklich zu machen. *Marx* war ein schlechter Ehemann, der ein uneheliches Kind durch Freund Engels verstecken ließ. *Nietzsche* und *Schopenhauer* waren unverheiratete Bordellbesucher, *Wittgenstein* war Homophilosoph. Der dreimal verheiratete *Bloch* war stets auf der Jagd nach reicher Einheirat, *Sartre* führte eine kinderlose Ehe ohne Trauschein. *Heidegger* wurde erst ein so rechter, urteutonischer Denker, nachdem er vor der Liebe zu seiner jüdischen Schülerin Hannah Arendt weggelaufen war. *Jaspers* hatte keine Kinder. Der deutsche *Fichte* sah Frauen als nicht viel höhere Wesen denn Juden — und denen wollte er die Köpfe abschlagen.

— DAS GRIECHISCHE ALTERTUM —

Papa ist tot, es lebe Papa!

Als die älteste überlieferte Aussage des abendländischen Denkens gilt der folgende fragmentarische Spruch des *Anaximander* aus dem 6. Jahrhundert vor Christus:

> „Woraus aber die Dinge entstehen, dahin vergehen sie auch nach der Notwendigkeit; denn sie zahlen einander Strafe und Buße für ihre Ruchlosigkeit nach der festgesetzten Zeit ..."

Sigmund Freud schrieb in „Totem und Tabu" (1913):

> „In einem Fragment von Anaximander wird gesagt, daß die Einheit der Welt durch ein urzeitliches Verbrechen zerstört worden sei, und daß alles, was daraus hervorgegangen, die Strafe dafür weiter tragen muß."

In diesem ‚urzeitlichen Verbrechen' sah Freud den ödipalen Mord am Urvater der Menschheit.

Nach Anaximander entstehen und vergehen alle Einzelwesen durch Liebe und Haß; sie kommen aus dem ‚Grenzenlosen' und gehen ins ‚Grenzenlose', ‚Unbestimmte', zurück, ins „Apeiron".

Nach Anaximander wäre der Mensch längst ausgestorben, wenn er von Wesen abstammen würde, die ebenso hilflos geboren und auf Kultur angewiesen wären wie er selbst: Er stamme ab vom Fisch im Wasser.

... fällt ins Fruchtwasser

Er sah die Sonnenfinsternis vom 28.5.585 v. Chr. exakt voraus. „Als Thales die Sterne beobachtete und nach oben blickte und als er dabei in einen Brunnen fiel, soll eine witzige und geistreiche thrakische Magd ihn verspottet haben: er wolle wissen, was am Himmel sei, aber es bleibe ihm verborgen, was vor ihm und zu seinen Füßen liege

... Der gleiche Spott trifft alle, die in der Philosophie leben", berichtet Plato. Thales war kein Astrologe. Um zu beweisen, daß Philosophie keine brotlose Kunst für unnütze Esser sei, soll er einmal, als er eine reiche Olivenernte durch astronomische Beobachtungen voraussah, sämtliche Ölpressen seiner Umgebung aufgekauft und zu hohen Preisen später weitervermietet haben.

Als seine Mutter ihn überreden wollte zu heiraten, sagte er: „Noch ist nicht Zeit dazu." Als er älter wurde und sie ihn drängte, sagte er: „Nun ist die Zeit dazu vorüber." Auf die Frage, warum er keine Kinder wolle, antwortete der *Ionier Thales von Milet*, der als der erste abendländische Philosoph gilt und im (Frucht?)Wasser den Ursprung aller Dinge sah: „Aus Liebe zu den Kindern."

Ewig Stillen oder ewig Hin & Her?

Die Vorsokratiker *Parmenides und Heraklit* widersprachen einander wie Ruhe und Bewegung, aber beide Verächter der Demokratie waren nicht nur von geistigem Adel, sondern auch aus reichem Hause.

* * *

Die philosophische Hebamme

Sokrates dagegen war „Pöbel", will man Nietzsche glauben. „Sokrates fand eine Frau, wie er sie brauchte ... Tatsächlich trieb Xanthippe ihn in seinen eigentümlichen Beruf immer mehr hinein, indem sie ihm Haus und Heim unhäuslich und unheimlich machte." Dieser Sohn eines Bildhauers und einer Geburtshelferin lebte davon, das im Geiste zu tun, was seine Mutter in Wirklichkeit tat.

Auf Märkten wunderte er sich: „Wie vieles gibt es doch, was ich nicht brauche!" Und: „Wer am wenigsten bedarf, ist den Göttern am nächsten."

Nach Feierabend verwickelte er auf den Straßen Athens Volk und Adel in merk-würdige Gespräche, in denen er seine Partner zuzugeben zwang, daß sie im Gegensatz zu ihm nicht wüßten, daß sie gar nichts wissen, während er selbst nicht einmal vorgab, irgendetwas zu wissen. So sahen die geistigen Kinder aus, welche diese ‚philosophische Hebamme' ans Licht der Welt und der Vernunft brachte: Er brachte Erwachsene ironisch dazu, sich als unwissende Kinder zu fühlen, die Erwachsene spielen.

Jemand fragte ihn, ob er heiraten oder ledig bleiben solle: „Was du auch tust, du wirst es bereuen."

Angeklagt der Blasphemie und geistigen Verführung Minderjähriger, nahm der überaus gesetzestreue Athener freiwillig den Schierlingsbecher, zu dem er verurteilt wurde, und nutzte nicht die gebotene Gelegenheit zur Flucht. Justizirrtum? Der adlige Schüler des philosophischen Schusters schrieb:

„Ihr seht, daß Sokrates in die schönen Jünglinge verliebt ist und daß er immer um sie herum und von ihnen hingerissen ist." Kurz: Griechische Pädagogik schien nur durch Päderastie möglich.

* * *

Platonische Liebe zu fixen Ideen

Der Pykniker *Plato* übernahm diese Metaphysik der Jugendliebe, aber trug sie von der Straße in eine Akademie. Das schwächere Geschlecht hielt er für die schlechtere Hälfte, für lasterhafter, hinterhältiger, verschlagener, oberflächlicher, erregbarer, verletzlicher, zaghafter und abergläubischer als sein eigenes. Eine Frau zu sein, hielt der erste europäische ‚Idealist' für einen Fluch der Götter; feige und ungerechte Männer würden nach ihrem Tod zur Strafe als Weiber wiedergeboren. Nach Plato tun sich Mann und Frau besser nicht aus Liebe zusammen, sondern zur Aufzucht tüchtiger Nachkommen. Für den Wehr-, Lehr- und Nährstand besorgt der Staat die Partnerwahl aus zuchteugenischen Gesichtspunkten und weist die besten Frauen den militärisch tüchtigsten Männern als Prämien zu. Im übrigen sollen die Frauen gemeinsamer Besitz der Männer sein. Für Rousseau war Platonismus die ideale Philosophie für Liebende.

Der philosophische Eros meint allerdings eher Männerbündelei: „Sie können daher miteinander in weit innigerer Gemeinschaft, als es die durch Kinder ist, und in festerer Freundschaft stehen; denn sie sind durch schönere und unsterblichere Kinder verbunden." Diese geistigen Kinder nennt Plato ‚Ideen'. Der Mann verfolgt nicht die

Frau, sondern der Erast ist hinter seinem Eromenos her: „Er wird ihn lieben, wird sich seiner annehmen und wird solche Worte zeugen und suchen, die die Jünglinge besser machen.“ So beginnt der esoterisch-erotische Aufstieg vom Physischen zum Metaphysischen, „von einem schönen Leib zu zweien und von zweien zu allen, von den schönen Leibern zu den schönen Lebenshaltungen, von den Lebenshaltungen zu den schönen Erkenntnissen, von den Erkenntnissen schließlich zu jener Erkenntnis, die sich auf nichts anderes bezieht als auf jenes Schöne selber“, in dem die Liebe zeugen will, aber nur kinderlose Liebe von Weisen mit Kindern, nicht zu Kindern.

Angeblich spielt das berühmte Höhlengleichnis in den fürchterlichen Silberminen vor den Toren Athens, obwohl Plato kein Interesse verrät, daß die Sklaven, deren Arbeit seinen Müßiggang ermöglicht, auf die ‚Idee' kommen, außerhalb der Höhle die Sonne zu sehen, „das Gute schlechthin“.

* * *

Metaphysische Neu-Gier auf Mutter Natur

Dionys von Syrakus blieb Tyrann trotz Plato, und Alexander von Mazedonien wurde der Große trotz *Aristoteles*. Über seinen größten Schüler sagte Plato: „Aristoteles hat gegen mich ausgeschlagen, wie es junge Füllen gegen die eigene Mutter tun.“

Vom proletarischen Sokrates ging es über den geburts- und geistesadligen Plato zum gutbürgerlichen Stagiriten. Der mittelständische Sohn des Leibarztes des Königs von Mazedonien lehrte die goldene Mitte zwischen allen Affektextremen und legte zeitlebens Wert auf Komfort, gute Bedienung und weltliche Güter. Da er allgemeine Ideen nicht im Himmel suchte, sondern in irdischen Einzeldingen, konnte er später der Philosoph des Katholizismus werden, der Gottvater ja auch eher im Einzelmenschen Christus suchte als im jüdischen Himmel.

Dieser stets weltgewandte, stattlich gekleidete Mann war schwach auf den Beinen und starb mit 62 Jahren an einer Magenkrankheit, die ihn lebenslang gequält hatte. Zweimal war er verheiratet, aber auf ei-

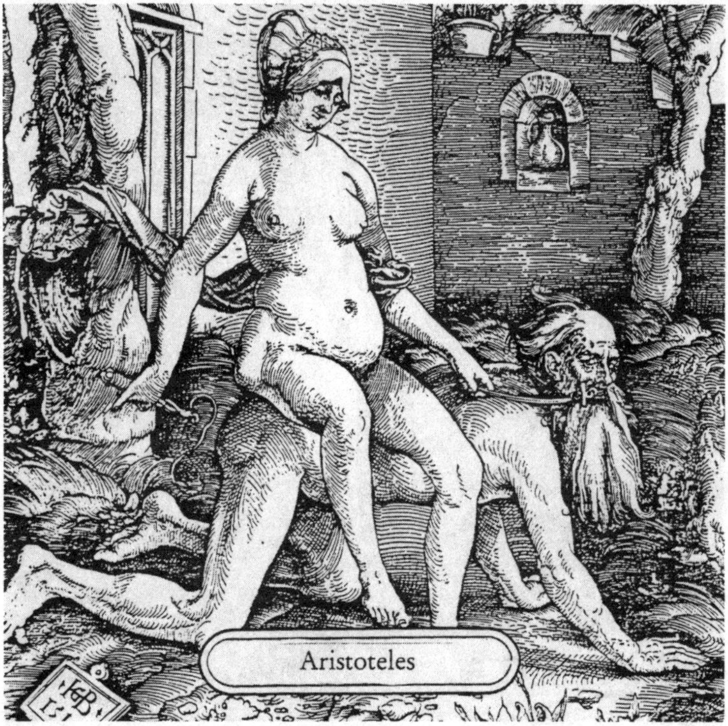

Hetäre Phyllis als Sophia
Hans Baldung, 1513

Adam als »prima materia«, vom Geschoß Merkur durchbohrt,
läßt die »arbor philosophica« aus sich hervorwachsen.
Miscellanea d'alchimia (15. Jahrhundert)

ner mittelalterlichen Karikatur reitet die Hetäre Phyllis auf ihm, der die wahre Theo-logie in einem theo-retischen Leben sah.

Plato hatte seinen Vater, Aristoteles beide Eltern zu früh verloren. Ein Verwandter zog ihn auf, dem er dankbar blieb wie allen, die ihn förderten. Seine Kindheit und Jugend liegt im Dunkel; niemand weiß, wie er Aristoteles wurde. „Ernsthaft" war eines der Lieblingsworte des ebenso Lernbegierigen wie melancholisch Zerrissenen. Seine lebenslange Einsamkeit war Suche nach Freundschaft, die er philosophisch mehr verherrlichte als die Liebe, aber sein Genie schuf sich mehr Feinde als Freunde.

Der 17jährige verließ seine Zieheltern, um in Athen bei Plato zu lernen, den er erst drei Jahre später persönlich kennenlernte. Er heiratete die Nichte Pythias seines Vormunds Hermias und gab später dankbar seine Tochter dessen Sohn zur Frau.

Da er als Zugereister dort keinen Grundbesitz haben durfte, wurde er nicht der Nachfolger seines geistigen Vaters in der ‚Akademie' und verließ Athen, um Platonische Ideenlehre mit ionischer Naturphilosophie zu verbinden. Seine Metaphysik hinderte ihn nie, sondern forderte von ihm, die physische Welt zu studieren, aber was er in ihr entdeckte, waren metaphysische Gesetze.

Nach dem Tode seiner geliebten Frau, mit der er eine Tochter hatte, schenkte ihm Herpyllis von Stagira einen Sohn, nach dem er seine ‚Nikomachische Ethik' benannte. Das ‚Lykeion' von Stagira war *seine* Akademie.

Plato, der wie später Kant, Leibniz, Nietzsche und Sartre praktisch ohne Vater aufwuchs, hatte sich eine eher homophil(osophisch)e als patriarchalische Männlichkeit erträumt, um dem Sog der Ursymbiose mit Mutter Natur nicht zu erliegen. Er sah sich als unvollkommenes Abbild eines idealisierten Vaters (den er vielleicht als Klein-Ödipus getötet zu haben phantasierte). Platos Idealismus war ein ‚Uranismus', während Aristotelismus die Philosophie einer frühen Vollwaise war, die sich beide unbekannten Eltern erträumte und sich als Kind einer ‚energischen' väterlichen ‚Form' und einer ‚dynamischen' mütterlichen Mater-ie dachte, als ‚Entelechie', welche ihr Ziel von keinem Big Brother draußen sich vorgeben läßt, sondern es immer schon in sich selbst hat. Gottvater sah Aristoteles als einen „unbewegten Beweger", der die Individuen bewegt, „wie jemand durch Liebe bewegt wird". Leib und Seele?

In seiner „Politik" sind die einen Menschen die, „die mit ihrem Verstand Pläne machen, und die anderen sind die, die mit ihrem Körper diese Pläne ausführen." (‚Politeia')

„Das Verhältnis des Männlichen zum Weiblichen ist von Natur so, daß das eine von höherem und das andere von minderem Wert ist, und folglich das erstere regiert und das andere regiert wird."

Beispiel aus der ‚Metaphysik':

„Es entsteht aber ein Mensch aus einem Menschen,
nicht jedoch ein Bettgestell aus einem Bettgestell."

* * *

Stoische Versagung und Entsagung

Der lahmgeschlagene, später freigelassene phrygische Sklave *Epiktet*, Sohn von Sklaven und nach dem Zeugnis Augustins der ausgezeichnetste aller Stoiker, war stolz genug, sich von seinen Herren und vom Schicksal, das sie ihm bereiteten, nicht abhängig zu wissen. Dieser proletarische Intellektuelle unterschied zwischen dem, was in seiner Macht stand, und dem, was ihn versklavte. Nach seiner Freilassung lehrte er Philosophie in Kleinasien. Solange er nicht frei sein konnte *von* seinen Ketten, versuchte er, frei zu sein *in* ihnen. Dieser zeitlebens bettelarme Mann war kein Christ, schöpfte aber aus dem selben Zeitgeist wie die Christen, zu denen manche ihn zählten. Er lehrte Unerschütterlichkeit, Ataraxia, bis zur Apathie gegenüber Schicksalsschlägen. Sustine et abstine: ertrage und entsage. Aber er entsagte nicht buddhistisch dem Lebenswillen, sein ‚Nous' war kein Nirwana. Er entsagte, aber nur dem, was ihn zu fesseln drohte, und ertrug, aber nur Unabwendbares. Er lehrte Freiheit als Bedürfnislosigkeit und wollte, einmal der Sklavenketten ledig, nicht durch eigene Wünsche erpreßbar werden, die er sich nur durch neue Herrendienste hätte erfüllen können. Dieses ‚mit einem Leichnam beladene Seelchen' interessierte sich weniger für Naturwissenschaft als für proletarische Ethik. Unter natürlicher Vernunft und vernünftiger Natürlichkeit verstand er, eine Familie zu gründen, lebte aber wegen seiner Gebrechlichkeit nicht selbst nach dieser Lehre. Vielleicht hat er als alter Mann eine Frau genommen, um ein armes Kind großziehen zu können.

* * *

„Enthaltsamer als der Philosoph *Zenon*" war eine antike Redensart. Der hagere, große, körperlich schwächliche Stoiker setzte die Pflicht an die Stelle der epikureischen Lust, „Verführerin so mancher jugendlichen Seele zur Weichlichkeit". Der erfolgreiche Kaufmann soll erst nach einem Schiffbruch Philosoph geworden sein. Schüchtern mied er Aufsehen um seine Person und verkehrte wenige Male mit Huren, um nicht als Weiberfeind zu gelten. Er kleidete sich ärmlich und lebte von wenig grünen Feigen, Brot und Honig. Die Athener übergaben dem berühmten Asketen den Schlüssel der Stadt zur Aufbewahrung. „Affekte hindern uns am vernunftgemäßen Handeln und stören die Harmonie der Seele", es seien „Krankheiten der Seele". Pflicht, die „übereinstimmend mit der Natur lebt", sei „Einklang des in der Brust des Einzelnen wirkenden Dämons mit dem Willen dessen, der das All durchwaltet", „eine Forderung der Natur, sich in die Gemeinschaft der Vernunftwesen einzuordnen". „Die Tugend ist um ihrer selbst willen zu erstreben; sie verlangt keinen Lohn".

– DAS CHRISTLICHE MITTELALTER –

Der stumme Ochse

Viele große mittelalterliche Philosophen wie *Thomas von Aquin, Augustinus, Anselm von Canterbury und Meister Eckart* stammten aus Adelsgeschlechtern und lebten, vom Bettelmönch bis zum Erzbischof, zölibatär im Schoß der Mutter Kirche.

Der ‚stumme Ochse' Thomas soll brüllend mit einem brennenden Kaminscheit in der Hand die hübsche Kurtisane hinausgeworfen haben, die seine Brüder ihm in die Klosterzelle geschickt hatten, um ihn für ein weltliches Leben als reicher Edelmann zurückzugewinnen.

* * *

Liebesordnung und Genuß Gottes

Der afrikanische Römer *Aurelius Augustinus* (354-430) aus Thagaste wurde der größte westliche Kirchenlehrer. „Es gibt kein Heil außerhalb der (Mutter) Kirche." — Der Sohn eines von Proletarisierung bedrohten Kleinbürgers, des im Alter getauften Provinz-Notabeln Patricius, und der Heiligen Monica genoß eine klassische lateinische Bildung, während die griechische Sprache und Kultur dem ‚kleinen Emporkömmling' (Heiliger Hieronymus) fast verschlossen blieb.

Als dem 20jährigen der Vater starb, verdiente das neue Familienoberhaupt den Lebensunterhalt als Rhetoriklehrer in Karthago, Rom und später Mailand. Augustinus schrieb die erste echte Autobiographie der Weltliteratur: In den tränenreich skrupulösen „Bekenntnissen" verdammte der inzwischen Getaufte überstreng die ‚Liederlichkeit' seiner Jugend, vom Birnendiebstahl aus Nachbars Garten bis zu den promiskuinen Fleischessünden, die seine kindliche Frömmigkeit ‚verdorben' hatten. Am Ende der römischen Kaiserzeit war das Tugendideal der ‚virtus' ohnehin längst ersetzt durch gemäßigte Libertinage.

Er zieh seine Jugendzeit der permanenten Sünde, von der Theaterleidenschaft bis zu den verantwortungslosen Liebeleien, ja, er hätte gern rückgängig gemacht die Ungeduld, mit der er als Säugling nach Nahrung geschrieen hatte oder als Knabe das Spielen dem Lerneifer vorzog. Der 15jährige war ein kleiner Müßiggänger gewesen. Der 17jährige verband sich mit einer ebenso zärtlich geliebten wie sozial niedriger stehenden Freundin, hatte mit ihr einen Sohn und verstieß sie nach 14 Jahren Treue, weil seine fromme Mutter auf eine standesgemäße christliche Ehe drängte. Die zweijährige Verlobungszeit überbrückte Augustinus mit einer neuen Konkubine. Der ruhig fleißige und wohlerzogene Student gehörte zu einer Gruppe von ‚Umstürzlern', beteiligte sich aber nie an deren nächtlichen Überfällen auf unschuldige Passanten. Homosexuelle rufen ihn, mit welchem Recht auch immer, bis heute als einen ihrer erlauchtesten Helden an. Zwischen geistigen und sinnlichen Genüssen hin und her gerissen, ließ er sich mit 33 Jahren nach langem Zögern christlich taufen. In einem Garten hatte er wahllos seinen Paulus aufgeschlagen und las: „Nicht in Schmausereien und Trinkgelagen, nicht in Schlafkammern und Unzucht, nicht in Zank und Streit sucht euer Heil … und pflegt nicht das Fleisch zur Erregung eurer Lüste, sondern zieht den Herrn Jesus Christus an." Das gab den Ausschlag zur Bekehrung, und er blieb ledig. War Thomas von Aquin über ein halbes Jahrtausend später so etwas wie Christus plus Aristoteles, so Augustin eher Christus plus Platon — vor allem in Gestalt des Neuplatonikers Plotin. Die Renaissance hat ihn gefeiert gegen den mittelalterlichen Thomismus.

Die Gemeinde der nach Karthago zweitgrößten afrikanischen Stadt Hippo machte den zufällig Anwesenden und sich heftig Sträubenden mit Gewalt zu ihrem Bischof, und Augustinus blieb das bis zu seinem Lebensende. Reisen, Gottesdienste, Konzile, Dispute, Synoden, Korrespondenzen, Kirchengutverwaltung und Rechtsprechungen hinderten ihn nicht, 113 Schriften zu hinterlassen (außer den erhaltenen 500 Predigttexten). Arme, Schuldige und Unterdrückte verteidigte der in einem selbstgegründeten Laienkloster mäßig, arm und keusch Lebende gegen die Obrigkeit. Der aus übergroßer Leidenschaftlichkeit empfindsam schüchterne Augustinus sah weniger in Natur- und Weltkenntnis sein Seelenheil, sondern in seelischer Selbstanalyse.

„Ich war mir selbst zur Frage geworden." Ein Ur-Existenzialist: „Geh nicht aus dir heraus; in dich selber kehre ein; denn nur im inneren Menschen wohnt die Wahrheit", die nicht immer schön ist. Was er in sich selbst entdeckte, sah er als typisch menschlich. Seine Selbst-Gewißheiten nahmen Descartes' Ego Cogito vorweg, aber sind kein Selbstzweck, sondern Futter für den Gewissenskampf. „Du hast uns, o Gott, für dich gemacht, und unruhig ist unser Herz, bis es ruht in dir." — „So also werden wir suchen, als ob wir Aussicht hätten zu finden; und so werden wir finden, als müßten wir weitersuchen."

Noch der 72jährige erinnerte sich der Schläge in der Schule: „Wer würde nicht mit Entsetzen zurückfahren und lieber den Tod wählen, wenn man ihm die Wahl zwischen dem Tod und einer Rückkehr in die Kindheit böte!“ (Gottesstaat).

Der übererregbare Asket wußte, was er zurückwies: Er wollte „Nicht körperliche Schönheit noch zeitliche Anmut, nicht das helle Tageslicht, das so freundlich unseren Augen scheint, nicht süßen Wohllaut, der in tausend Weisen unser Ohr trifft, nicht den Duft von Blumen und Salben und Spezereien, nicht Manna und Honig, nicht reizende Glieder, die zur Liebkosung einladen ...“

Er sprach vom „Genuß Gottes“. Er liebte brillante Paradoxe und Witze. „Man muß verstehen, um zu glauben. Aber glaube, um verstehen zu können.“ „Wenn der Glaube sucht, dann findet der Verstand.“

„O ewiger Gott, könnte ich doch wissen, wer ich bin, und wer du bist.“ Augustinus hielt es wie Sokrates: „Gott und die Seele. Weiter nichts? Nein, nichts!“ Natur, Welt, Gesellschaft, Geschichte?

„Wer Dich kennt und auch jene Dinge, ist um der letzteren willen nicht seliger.“ „ER ist mir innerlicher als mein Innerstes.“ (Das Über-Ich ist das wahre Ich).

Er kannte vorgeburtliche Erinnerung, die ‚Polymorphperversität‘ des Kindes und die Tiefe psychischer Traumata lange vor Freud.

Die Ordnung der Dinge und der Ideen war ihm eine ‚Ordnung aus Liebe‘, die Max Scheler faszinierte.

„Zuerst empfingen mich die Tröstungen der menschlichen Milch ... danach begann ich auch zu lächeln.“ (Aber man lese die ‚Confessiones‘.) Berühmt sein Stoßseufzer: „Herr, mach mich keusch. Aber nicht sofort.“ Die katholische Kirche machte ihn zum Theologen der Ehe.

Die ‚Liebe zur Sophia‘ wurde ihm geweckt durch Lektüre von Ciceros „Hortensius“. Diese Liebe blieb zeitlebens autodidaktisch, aber was Augustin aus seiner beschränkten Provinzbildung machte, erfüllte ihn mit geistigem Hochmut, den er selbst geißelte.

Er begriff und sah, daß Gottvater „unbegreiflich und unsichtbar“ war. Von ihm gab es „kein Wissen in der Seele, außer daß sie weiß, wie sie ihn nicht weiß.“ Aber vom Geschöpf ließ sich in „Analogien“ auf den Schöpfer schließen, vom Menschenkind auf seinen Vater. Gottes ‚Dreieinigkeit' leuchtet auf in der menschlichen Seele als Gedächtnis, Willen und Wissen. Gott sei dialektisch in sich, und so sei seine Welt: Jedes Ding sei eines für sich, unterscheide sich von anderem und stehe zugleich zu ihm in einer Wechselbeziehung. Gegen die ganze Antike hielt Augustin daran fest, daß Gottvater die Welt nicht aus dem Chaos oder aus dem kosmischen Mater-ial der Mutter Natur geformt habe, sondern aus dem Nichts, d.h. aus nichts als sich selbst. Er war Luthers Ur-Protestant.

Schwer rang dieser leidenschaftliche Mensch mit seinen Passionen. Die menschliche Potenz könne sich nicht gegen sich selbst wenden: Die Kraft gegen sich selbst komme einzig vom Schöpfer dieser Potenz selbst. Nur wer die Welt gezeugt habe, habe Macht über die Potenz seiner Geschöpfe, Leben zu zeugen. Nur Gnade von oben befreie von der (sexuellen) Erbsünde. Sein Gegner, der lendenlahm kalte Mönch Pelagius, war triebschwach genug, den menschlichen Willen für frei gegen die Triebe zu halten.

Zuerst war Augustin selbst Manichäer. Später verwarf er diese persische Irr-Lehre, daß die menschliche Seele ein einziges Schlachtfeld zwischen dem Teufel und dem lieben Gott sei. Als der Westgote Alarich um 410 Rom belagerte und besiegte, begann Augustinus seinen „Gottesstaat": Es gehe nicht um Rom oder Nichtrom, sondern um das Gottesreich gegen alle Weltreiche.

* * *

Liebestechnik: Experimente mit Mutter Natur

Im 13. Jahrhundert bereits, seiner Zeit weit voraus, entwickelte der ‚Doctor mirabilis' *Roger Bacon* (1210-1294) eine naturwissenschaftliche Erfahrungsphilosophie gegen die scholastischen Theorietheologen des Hochmittelalters. Das war für Europa originell, aber nur ein Plagiat der islamisch-arabischen Wissenschaftstheorie. Was Bacon als einer der ersten bekämpfte, waren die Vorurteile weniger Gottvaters als der Mutter Kirche gegen Mutter Natur und ihre Menschenkinder. Natur sollte aus sich selbst heraus erklärt werden durch „schweigende Betrachtung", wie der Naturphilosoph Telesio von Neapel in der Renaissance schrieb.

Bacon erkannte zwei Wege der Erkenntnis: Von deduktiven Beweisen zu unsicheren Schlüssen und Gewißheit durch Experimente. Und er kannte zwei Arten von Experimenten mit Mutter Natur: durch äußeren und durch inneren Sinn. (Der zweite wurde überm ersten seither vergessen). Und die Grundlage jeder Naturforschung war ihm nicht passive Naturschwärmerei, sondern messerscharf kalte Mathematik, die neue Maske menschlicher Emanzipation. Schon Platon hatte übers Tor seiner Akademie schreiben lassen, hier dürfe niemand herein, der kein Mathematiker sei. Später schrieb Galilei nicht nur, daß Mutter Erde sich doch bewege und kein Fixstern sei, sondern auch: „Das Buch der Natur ist in mathematischen Lettern geschrieben." Diesen Gedanken hatte schon Platon vom Musiktheoretiker Pythagoras; Lionardo da Vinci und Kepler wandten das nur auf Naturwissenschaft an. Vielleicht war das, was Platon unter einer ‚Idee' verstanden hatte, nichts anderes gewesen als die Formel für ein Naturgesetz, wie der Hamburger Philosoph Carl Fr. von Weizsäcker sinnierte. — Nichts wenigstens war typischer fürs geistige Europa als diese Einheit von Schizophrenie und Mathematischer Logik.

Roger Bacon forderte nicht nur Erfindungen durch Experimente, sondern erfand selbst eine Lupe, eine Schießpulversorte, einen Reformkalender und träumte von Flugzeugen, Fahrzeugen ohne Zugtiere und Schiffen ohne Segel und Ruderer. Er kannte Experimente nicht nur mit der grünen Natur draußen, sondern auch mit der inneren Natur des Menschen. Er lehrte philosophische Vorsicht vor vier Arten von Hindernissen, Mutter Natur zu erkennen:

Autoritätsrespekt, Traditionsgewohnheit, marktgängige Massenmode und Sinnentrug.

– RENAISSANCE –

Über drei Jahrhunderte später wiederholte sein erfolgreicherer Namensvetter, der antiphilosophische Philosoph *Francis Bacon* (1561-1626), der elisabethanische Kronanwalt, Großsiegelbewahrer, Lordkanzler, Viscount und Baron von Verulam, diese *Idolatrielehre*, die vor vier Arten von Bluff warnte:

1. Verzerrung der Wahrheit durch Individualität (idola specus)

2. Maskerade der Tradition (idola theatri)

3. Trugbilder der menschlichen Gattung (idola tribus)

4. Marktwert der Worte, verwechselt mit dem Realwert der Dinge (idola fori)

„Wer aus dem Reich der Natur ins Reich Gottes will, muß aus dem weltumsegelnden Boot der Wissenschaft ins Kirchenschiff umsteigen."

„Die Werke des Aristoteles sind leichte Tafeln, die auf dem Strom der Zeit durch ihr geringes Gewicht über Wasser blieben, während das Gehaltvollere versunken ist."

„Die Wahrheit ist die Tochter der Zeit." Sein Geist war der Zeitgeist. Er war „seine Zeit in Gedanken erfaßt" (Hegel), und diese Zeit war reine Gedankenlosigkeit.

„Wir besiegen die Natur, indem wir ihr gehorchen." (Wer den Satz umkehrt, hat bereits Adornos ‚Dialektik der Aufklärung' noch vor aller Aufklärung). Francis Bacon gab der geistlosen Platitüde das gute wissenschaftliche Gewissen, aber auf geistreiche Weise. Er forderte Experimente mit der äußeren Natur wie mit der inneren Natur des Menschen, der die äußere bearbeitet. Kurz: Er forderte Experimente und Revolution gerade dort, wo sie nicht angebracht sind, in Logik, Metaphysik und Religion. Er erfand Literaturgeschichte, Krankheitsgeschichte und Stenographie als bloße logische Möglichkeiten. Er spielte den Naturforscher Aristoteles gegen das Mittelalter aus, das sich auf ihn berufen hatte. Er regte weniger den schöpferischen Geist der Naturwissenschaft an als den bürgerlichen Utilitarismus der Verwertung. Das ‚Fruchtbringende' wurde wichtiger als das ‚Lichtbringende' (‚Luzifer' heißt: ‚Lichtbringer').

Er war kein Naturforscher, sondern die Public-Relation-Zentrale des elisabethanischen Fortschritts, dem er die zündenden Parolen, Werbespots und Graffittis lieferte, einer der ersten und glänzendsten Promotoren des glanzlosen Pragmatismus und der beste philosophische Journalist des heraufziehenden englischen Positivismus.

Privat war Bacon ein hemmungslos serviler Höfling mit einer pathologischen Angst vor königlicher Ungnade und schlechtem Ruf. Um sich bei Königin Elisabeth einzuschmeicheln, klagte er in einer bestellten Schmähschrift seinen besten Freund Graf Essex an, mit irischen Rebellen zusammen einen Mordanschlag auf die Königin geplant zu haben. Um 20 Jahre später die Gunst König Jakobs zu erringen, ließ er sich freiwillig aus Opportunismus der richterlichen Bestechlichkeit anklagen, um später glanzvoll begnadigt zu werden. Er war zu Freunden liebenswürdig und großzügig, aber gleichzeitig ämtersüchtig nach Ehre, Macht , Genuß und Prunk. Man sagte, sein Denken sei so hell gewesen wie sein Leben dunkel. Vielleicht war es in Wahrheit sogar umgekehrt, was ihn nicht hinderte, der größte Schriftsteller seiner Zeit gewesen zu sein:

„Ein Tropfen aus dem Becher der Philosophie führt zum Unglauben; wer ihn bis auf den Grund leert, wird fromm."

„Die Ethik enthielt bisher nur Schönschreibvorschriften, aber nichts, wie beim Schreiben die Feder geführt werden soll."

„Die griechische Weisheit ist ein Kind, reif zum Schwatzen, aber nicht zum Zeugen."

„Die mittelalterliche Wissenschaft ist eine gottvermählte Nonne, die im Kloster unfruchtbar blieb."

„Das helle Tageslicht der nackten Wahrheit zeigt die Masken und Mummereien der Welt nicht halb so schön wie das Kerzenlicht der Lüge."

Mutter „Natur erscheint uns in direktem Licht, Gott durch die Natur hindurch nur in gebrochenem Licht und meine eigene Natur durch Selbstbespiegelung nur im reflektierten Licht."

„Reine Erfahrung macht es wie Ameisen, die nur sammeln; reiner Verstand macht es wie Spinnen, die ihr Gewebe aus sich selbst ziehen; und Erkenntnis macht es wie Bienen, die sammeln, auswählen und bauen."

* * *

Vereinigung der Gegensätze:

Eines Tages wurde der 12jährige Nikolaus von seinem jähzornigen Vater, einem wohlhabenden Moselfischer, im Streit aus dem Kahn geworfen. Er konnte sich retten und riß, weniger ängstlich als wütend, von zu Hause aus, um es im Leben bis zum Kardinal und Chefberater des Papstes zu bringen. Die Interessen der Mutter Kirche gegen den Kaiser verquickte er so gut mit eigenen materiellen Interessen, daß der ebenso gottesfürchtige wie profitsüchtige *Cusanus* nie heiliggesprochen wurde. Der mathematisch interessierte „Philosoph der Zeitenwende“ und der „gelehrten Unwissenheit“ verstand Gottvater in einer negativen Theologie als „Potest“ von seiner männlichen Potenz her, die alles könne und kenne und selbst nicht erkennbar sei. Nur in Paradoxen sei die Orthodoxie zu retten. – Der Klosterreformer warf die Nonnen aus den Betten der Mönche, ritt wie Jesus auf einem Esel durch die Stadttore, riet von den Türkenkreuzzügen ab, soll sein Vermögen auch auf Kosten armer Leute gemacht und einen Mönch, der sich zum Bischof machen wollte, eigenhändig im Rhein ertränkt haben, im ständigen Angstwahn, selbst ermordet zu werden. ‚Coincidentia oppositorum‘?

– DAS 17. JAHRHUNDERT –

„Philosophus teutonicus“
Spinoza wurde gutbürgerlich geboren und führte später als Denker freiwillig eine proletarische Existenz. Fichte umgekehrt wurde proletarisch geboren und stieg zum gutbürgerlich preußischen Philosophieprofessor auf. Jakob *Böhme*, Sohn eines Görlitzer Schusters, ernährte Frau und Kinder als Schuster, einer der wenigen proletarisch lebenden Philosophen plebejischer Herkunft. Seine protestantische Mystik erinnert an jüdische Kabbalistik. Die erotisch getönten theosophischen Visionen überfielen ihn kurz nach seiner Hochzeit, beim Anblick von Sonnenreflexen an einer dunklen Zinnkanne. Nach aufreibenden Kämpfen mit der kirchlichen Orthodoxie seiner Zeit starb er früh im Alter von noch nicht 50 Jahren.

* * *

„Das Ich ist hassenswert“
Pascal, Spinoza und Descartes verloren ihre Mütter ebenso zu früh,

wie Leibniz, Hume, Sartre und Nietzsche ihre Väter zu früh verloren. Pascal und Spinoza starben früh ohne Frau und Kind.

Blaise Pascal (einziger Sohn eines Steuereinnehmers, der mathematisch-naturwissenschaftliche Interessen hatte, und einer Kaufmannstochter) war zeitlebens nie ganz schmerzfrei und starb mit nur 39 Jahren unter harten Bußübungen als Mönch von Port-Royal. Nach dem Tode der Mutter, die Pascal mit 3 Jahren verlor, wurde der Haushalt von einer Erzieherin geleitet, aber Vater Etienne unterrichtete seine drei Kinder selbst nach der Methode Montaignes. Durch Luftdruckexperimente suchte Pascal zu beweisen, daß Mutter Natur keinen ‚Horror vacui' kenne, und warf sich aus panischer Angst vor ihrer Abwesenheit fromm in die Arme Gottvaters. Hatte das ‚denkende Schilfrohr' die Gottlosen mit der Kirche bekämpft oder Mutter Kirche mit Gottvater?

„Philosophie heißt, sich über Philosophie zu mokieren." Die Abwesenheit der toten Mutter, „das fürchterliche Schweigen der unendlichen Räume", suchte er als Anwesenheit Gottvaters zu erleben. Nach dem Tode des Vaters und dem Rückzug einer Schwester ins Kloster beendete Pascal sein weltliches Leben gesellschaftlicher und wissenschaftlicher „Divertissements".

„Liebe und Vernunft sind ein und dasselbe."

* * *

Mutter Natur wird vergöttert: Amor Dei intellectualis

„Reichtum, Ehre und Sinnenlust — durch diese drei Dinge wird der Geist so zerstreut, daß er am allerwenigsten an ein anderes Gut denken kann."

Er lehnte für sich selbst ab, was „bei den Menschen als das höchste Gut geschätzt" wird.

Als er 22 Jahre alt war, starb sein Vater, ein wohlhabender Import-Export-Kaufmann und strenggläubig gesetzestreuer Mann. Seine Geschwister machten dem ältesten Sohn die Erbschaft streitig. *Spinoza* ging vor Gericht, gewann — und verzichtete aufs Erbteil. Das Nötigste für seinen Lebensunterhalt verdiente er sich, indem er

Linsen für Brillen und optische Geräte schliff. Seine Produkte waren von den Kunden sehr geschätzt, aber der Glasstaub verschlimmerte sein Lungenleiden.

Als ein Bewunderer seiner Schriften ihn zum Alleinerben einsetzen wollte, lehnte er bescheiden ab, weil er um seine Unabhängigkeit fürchtete. Als der Gönner gestorben war, fand sich im Testament ein Passus, dem Philosophen sei auf Lebenszeit eine Rente von 500 Gulden zu zahlen. Spinoza nahm an — unter der Bedingung, daß der Betrag auf 300 Gulden herabgesetzt werde.

Eine ehrenvolle und gutdotierte Berufung auf einen deutschen Lehrstuhl lehnte er ab, weil er voraussah, die Religionsfreiheit strapazieren zu müssen.

Sein Siegel trug neben dem spanischen Motto ‚Caute' (Vorsicht) eine dornige Rose: Sein Name erinnert an das spanische Wort für Dorn, und seine Vorfahren waren vor der Inquisition aus Spanien geflohen.

Schon in seiner Jugend wurde er mit dem Bannfluch aus der jüdischen Gemeinde ausgestoßen: Der Exkommunizierte war so etwas wie ein Vorläufer der historischen Bibelkritiker. Als er seine ‚Irrlehren' nicht widerrufen wollte, wurde sogar ein Attentat auf ihn verübt. Er wurde der Geheimtip aller, die an den jüdisch-christlichen Vatergott nicht glauben mochten, ohne deshalb aufs Göttliche schon verzichten zu wollen: Goethe, Lessing, Schelling und andere Große machten ihn zu ihrem Leibphilosophen.

Andere, wie Egon Friedell in seiner ‚Kulturgeschichte der Neuzeit', hielten den extremen Naturrationalisten Spinoza schlicht für einen ebenso genialen wie schizophrenen Psychopathen, monoman, autistisch und gefühlsarm.

Spinoza, Sohn eines jüdischen Kaufmanns im marranischen Amsterdam, schlug akademische Angebote und verlockende kirchliche Sinekuren immer aus und brachte sich um der geistigen Freiheit willen gut proletarisch als Brillenglasschleifer durch. Mit 44 Jahren starb er an derselben Schwindsucht wie seine Mutter, die er im Alter von 6 Jahren verloren und in seiner ‚Ethik' philosophisch wiederbelebt und heiliggesprochen hatte. In der Lehre vom ‚Deus sive natura' setzte er seiner zu früh verstorbenen Mutter ein unsterbliches ‚Denkmal' – und den Müttern aller späteren Spinozisten. An Mutter Natur wollte er ‚zum Grunde' gehen, ihr Schoß wurde sein Grab.

* * *

Leib & Seele vollautomatisch

Mme. du Rosay „hat später freimütig zugegeben, daß die Philosophie einen größeren Zauber auf M. *Descartes* ausgeübt habe als sie; obwohl sie ihm nicht häßlich vorkam, habe er ihr gesagt, daß er durchaus keine Schönheit finde, die der der Wahrheit zu vergleichen wäre." (Baillet). „Nachdem er der Gesellschaft sein Erstaunen ausgedrückt hatte, daß man soviel Betrogene erblickt, versicherte er, er sei bislang noch unberührt, und seine eigene Erfahrung (um nicht zu sagen, die Feinheit seines Geschmacks) veranlaßt ihn, eine schöne Frau, ein gutes Buch und einen vollkommenen Prediger zu den Dingen zu zählen, die man auf dieser Welt am schwersten trifft." – Dem Einjährigen starb die Mutter; Körper und Geist blieben dem ledigen Philosophen zeitlebens getrennt. Eine starke res cogitans lebte in dieser schwachen res extensa. Der Körper war ihm ein mechanischer Automat, die Seele blieb Katholikin. Als der ewige Einsiedler das Buch der Bücher und das Buch der Natur nicht mehr studieren mochte, ging er auf Reisen, um das ‚Buch der Welt' zu lesen. Der Vater der neuzeitlichen Philosophie war Sohn eines adligen Parlamentsrats und lebte vom väterlichen Gutsbesitz. Sein uneheliches Kind mit einer Magd starb im Alter von 5 Jahren und er selbst mit 54 Jahren als Gast der Königin Christine von Schweden an einer Lungenentzündung: Der notorische Spätaufsteher überlebte es nicht, schon morgens um fünf Uhr der Herrscherin Philosophiestunden zu geben. „Ich denke, also bin ich" mehr als mein Arbeitsmaterial, dachte Descartes, der weder Mann und Frau verwechselte noch körperliche und geistige Arbeit. Die Nabelschnur zwischen Menschenkind und Mutter Natur war durchschnitten.

* * *

Jeder eine Monade ganz für sich allein: prästabilierte Labilität
Mit dem Tod seines Vaters, den er mit 6 Jahren verlor, eines Notars und Moralphilosophieprofessors, wurde er nicht fertig und suchte zeitlebens die Autorität von Ersatzvätern in Herrschern und Gelehrten. Mit 18 Jahren verlor er die Mutter und lebte von einem bescheidenen Erbteil als frau-und kinderlose Monade. *Leibniz*, der Hofbibliothekar, Diplomat und politische Berater, lebte in ‚prästabilierter Harmonie' mit der ‚besten aller Welten'. Mit vielen hochmögenden Damen der Gesellschaft verkehrte er, aber nur brieflich. Er blieb ledig, da er um eine Frau nur werben wollte, wenn er sicher wäre, keinen Korb zu bekommen, gestand er Freunden. Der Erfinder der mathematischen Logik wollte eine künstliche Universalsprache schaffen und den vernünftigen Generalnenner aller Religionen und Wissenssysteme institutionalisieren. Am Ende saß ‚Pangloss' (Voltaire), der unverbesserlich rationalistische Optimist, unbeweglich durch Gicht in einem selbstkonstruierten Krankenstuhl, bis er mit 70 Jahren starb als letzter Polyhistor Europas. Der infinitesimale Individualist hatte nie einen eigenen Haushalt besessen und immer in Gaststätten gespeist, häufig finanziell bedrängt.

„Nichts ist im Verstand, was nicht vorher in den Sinnen war — außer dem Verstand selbst."

* * *

Aufklärung auf Deutsch und Barock'n Roll
Im Grand Siècle des Descartes: 1655-1724

Der Vater der deutschen Aufklärung lange vor der Aufklärung und der Vater des deutschen Journalismus lange vor dem Feuilletonismus Heines war (der von Ernst Bloch zurecht bewunderte) Christian *Thomasius*, der erste deutschsprachige Gelehrte und Herausgeber der ersten populären Zeitschrift auf Deutsch, einer der frühesten Gegner von Folter und Hexenprozessen, der ebenso mutige wie originelle Streiter gegen intolerante Geistlichkeit und Geistigkeit, medizinische Scharlatane, prätenziös pedantische Professoren, Winkeladvokaten, verrohte Studenten, faule Handwerker, liederlichen Adel, betrügerische Kaufleute und alles, was keine „Nützlichkeit fürs Le-

Leibniz erklärt Hofdamen, warum kein Blatt
auf der Welt wie das andere ist.

ben“ hat. Thomasius forderte mitten im obrigkeitsdevoten Barock so etwas wie „Honnêteté, Gelehrsamkeit, beauté d’esprit, un bon goût und Galanterie“. Dieser rationale Naturrechtsphilosoph ist in Deutschland ebenso bis heute unbeachtet geblieben wie sein Programm. Er war ein Aufklärer, als dazu noch Mut und Witz gehörten.

— DAS 18. JAHRHUNDERT —

Der antisemitische Ur-Intellektuelle der Aufklärung

Die französische ‚Enzyklopädie‘, erschienen zwischen 1751 und 1772 in 28 Bänden, war schon selbst die französische Revolution, die sie angeblich nur geistig vorbereiten half. Überhaupt war das Ancien régime Ludwigs XVI. bereits selbst diese Grande Révolution — und der Neunte Thermidor Robbespierres schon selbst die Konterrevolution, für deren Zerschlagung sie sich hielt und bis heute vom Bürgertum gehalten wird. Die bürgerliche Revolution begann mit den französischen Moralisten und endete am 14. Germinal 1791. Die ‚Enzyklopädie der Künste und Wissenschaften‘ war das unterhaltsamste Wörterbuch der Weltliteratur seit Bayle und ein Riesenmagazin geschickt unter harmlosen Überschriften verpackter Ideen der Subversion. Der Chefredakteur des riskanten Unternehmens war Denis Diderot, gelehrt und elegant zugleich. Hier war die Aufklärung der Esprit des Sentiments selbst. Diderot vertrat einen mater-ialistischen Monismus, aber „der Stein empfindet“. Goethe liebte und übersetzte den Dialog „Rameaus Neffe“, die brillante Lebensphilosophie eines Aussteigers.

Die Enzyklopädisten trafen sich in den ‚Geistesbüros‘ dieses feministischen Zeitalters der Revolution, in den Salons der Madame Geoffrin, der Marquise de Rambouillet, der (Gönnerin Rousseaus) Madame d’Epinay. Der ängstliche Mathematiker d’Alembert war der uneheliche Sohn der Madame de Tencin, die ihn nach der Geburt aussetzte und in ihren Salon zurückwollte, als er berühmt war. Eine Proletarierin hatte ihn aufgezogen. Das ebenso arme wie häßliche und geistreiche Fräulein Julie de l’Epinasse war Gesellschafterin der ebenso reichen und geistreichen wie egoistischen Madame du Deffand. Als ihre Herrin sie aus Eifersucht auf ihren Erfolg bei den Männern entließ, eröffnete sie mit d'Alemberts Hilfe in ihrer Dachwohnung einen eigenen Salon und zog die Stars zu sich herüber. Nach diesen Vorbildern gründeten deutsche Jüdinnen im nächsten Jahrhundert in Berlin Salons für die progressive Intelligenz der Aufklärung. In den Assembléen der schönen Henriette Hertz und der häßlichen Rahel Varnhagen von Ense trafen sich Hegel und Heine.

„Alles, was ich rings um mich geschehen sehe, legt den Keim zu einer Revolution, die unfehlbar eintreten wird, von der ich aber schwerlich mehr Zeuge sein werde", schrieb François Arouet (mit dem Anagramm: *Voltaire*) im Jahre 1764. Er dachte an eine Reform von oben durch den aufgeklärten Absolutismus selbst. Vom Volk sagte er: „Es wird immer dumm und barbarisch sein; es sind Ochsen, die ein Joch, einen Stachel und Heu brauchen."

Seine Philosophie erschöpfte sich in der Forderung nach absolutem Selbstbestimmungsrecht jedes Individuums (auch auf Homosexualität und Selbstmord). Dieser fanatische Feind jedes Fanatismus bekämpfte Mutter Kirche durch Berufung auf Mutter Natur und brachte Gottvater zusammen mit Mutter Kirche um. Er schüttete das jüdische Kind mit dem klerikalchristlichen Taufbad aus und machte zugleich die Philosophie Newtons auf dem Kontinent erst populär. Er war impotent.

Seine vielgespielten Tragödien waren tote Geschichtsphilosophien, seine philosophischen Geschichtswerke aber packende Dramen. Er hatte keine neue Philosophie, aber eine neue Art, die alte Philosophie der Erneuerung glänzend zu formulieren. „Voltaire wird immer betrachtet werden als der größte Name der Literatur ... vielleicht aller Jahrhunderte; wie die erstaunenswerteste Schöpfung der Natur", schrieb Goethe bewundernd. Voltaires Leidenschaft für großartigen Luxus war größer als seine Genußsucht. Schon der Knabe liebte Eleganz und Pomp. Der Berufsschriftsteller Voltaire brachte es am Ende auf 20 Güter mit 1200 Untertanen, deren Leibeigenschaft er bekämpfte. Er hatte 160000 Francs Jahreseinkommen, Villen, Schlösser mit Äckern und Weinbergen, Gemäldegalerien und Bibliotheken, einen Stab von Sekretären, Postboten und Lakaien, ei-

Titelblatt der „Enzyklopädie“:
Gruppe mit Voltaire (1)
(Stich nach Hubert)

nen Wagenpark und ein Haustheater nebst eigner kleiner Kirche – alles aus Buchhonoraren und dubiosen Geldgeschäften samt Urkundenfälschungen. Er war ein Rokokolibertin. Um sich zu schützen, leugnete er die Autorschaft an antiklerikalen Schriften. Voltaire und sein Fan Friedrich der Große von Sanssouci übertrafen einander: Der Preuße verbreitete Schmähbriefe von Voltaire in Frankreich, um ihn dort zu kompromittieren und nach Potsdam zu ziehen. Voltaire versuchte, aus Friedrichs Schwäche für ihn Kapital zu schlagen. Da hielt der deutsche ‚Philosoph auf dem Thron' seinen Hofdenker für überbezahlt und kürzte ihm Licht und Zucker. Voltaire steckte dafür im Salon Kerzen in die Tasche. Lamettrie teilte Voltaire mit, Friedrich habe über ihn gesagt: „Man preßt die Orange aus und wirft sie fort." Maupertuis teilte Friedrich mit, Voltaire habe über ihn gesagt: „Ich muß seine Verse durchsehen; er schickt mir seine schmutzige Wäsche zum Waschen." Schließlich trennte sich der Ahnherr Bismarcks und Hitlers (wie die Nazis ihn sahen) von dem ‚Luzifer des Jahrhunderts'. Boshaft war Voltaire nur, wenn er sich verteidigte, aber er war überreizbar bis zu kindischer Eitelkeit und Ängstlichkeit, ein Genie der Konversation.

Er war habgierig, solange er nichts besaß, und wurde verschwenderisch freigiebig, sobald er alles besaß. Sein Haß auf Dummheit, Willkür und Despotismus verließ ihn bis zum Lebensende nicht. – „Wenn Gott nicht existiert, müßte man ihn erfinden." Gott? „Verzeihen, das ist doch sein Beruf!" – Der „Candide" gegen den Optimisten Leibniz schließt mit der Parole, jeder möge ‚seinen Garten bestellen'. Er starb an extrem schmerzhafter Urämie.

„Wer nicht die Vorteile seines Alters hat, hat dessen Nachteile." – „Ihr Juden wart Ungeheuer an Grausamkeit und Fanatismus in Palästina, wir in Europa. Vergessen wir das alles, meine Freunde."

„Ich sah in allen Philosophen, die von der menschlichen Seele redeten, nur anmaßende Blinde, die einem einreden wollten, sie hätten einen Adlerblick, und andere, die ihnen aufs Wort glaubten und sich einbildeten, sie sähen auch etwas."

„Zwischen den Triebmenschen und den Genies wogt die Unzahl derer, die nur vegetieren."

Metaphysiker: „Das erinnert an Orientreisende, die vom Serail erzählen. Sie wurden höchstens die Fassade gewahr und geben vor zu wissen, was der Sultan mit seinen Frauen macht."

Altes Testament: „Dieses Buch malt uns hundertmal besser als Homer die Sitten des alten Asien. Ich liebe die Patriarchen, nicht weil sie bei ihren Mägden schliefen, sondern weil sie die Erde bebauten wie ich."

„Der Mann, der vom Kirchturm herunterfiel, sich in der Luft ganz mollig fühlte und sagte: ‚Schön, vorausgesetzt, daß es so weiter geht', der Mann ähnelt mir."

„Die Begeisterung beginnt, die Schurkerei vollendet."

„Überall sieht man Verbrechen nur durch andere Verbrechen bestraft."

„Unsere Handlungen erscheinen uns genauso frei, wie sie es täten, wenn wir wirklich frei wären."

„Wir sind ebenso wenig Herren unserer Träume wie unserer Gedanken."

„Nur der ist reich, der alle Vorteile der Natur genießt; doch nur die Industrie kann sie gewähren."

„Die wahre Philosophie besteht darin, daß man nicht weiter geht, als die Fackel der Physik leuchtet."

Das viele Kaffeetrinken bringe ihn noch um, sagte ihm jemand: „Ich bin schon umgebracht geboren."

Ein Zollbeamter fragte den 84jährigen, ob er verbotene Ware bei sich führe. „Keine, außer mir selbst."

„Mein Steiß ist auch Natur, und trotzdem trage ich Hosen."

(Voltaire)

* * *

Zurück zu Mutter Natur?

Die Regierung ist legitim, wenn leitende Angestellte des Volkes in dessen Auftrag herrschen. Bin ich in der Minderheit, habe ich bewiesen, mich geirrt zu haben, und mein Einzelwille war nicht der Wille der Allgemeinheit, die mich zwingt, frei zu sein. Der Körper könne seinen Gliedern nicht schaden. Robbespierre hatte Rousseaus ‚Gesellschaftsvertrag' sehr genau gelesen und machte sich später zum

Arm des souveränen Gesamtwillens, der mehr und anders ist als die Summe aller Einzelwillen.

Für Voltaire war Verstand die natürlichste Sache der Welt, für *Rousseau* die Natur die künstlichste Sache des Verstandes. In „Emile oder die Erziehung", den Kant sehr schätzte, empfahl er allen Müttern, ihre Kinder selbst zu stillen, und die taten das dann in aller Öffentlichkeit. – Den Vätern riet er, ihre Kinder wieder selbst zu erziehen, nachdem er selbst gerade sein 5. Kind ins Findelhaus gebracht hatte (da Kinder Gemeingut eines platonischen Idealstaates seien). Das Ancien Régime war schon dekadent genug, diesen humorlosen Psychopathen und pedantischen Proletendarsteller zu seinem Idol als Naturbursche zu machen.

In der „Neuen Héloise" stellte er die Liebe als Naturkatastrophe für Sensibel amis dar. Madame du Deffand sah das Buch „in einem Ozean von Geschwätzigkeit ertrinken".

Der Verfasser schlüpfriger Romane griff seinen großzügigen Gönner Voltaire öffentlich als Sittenverderber an. Die generösen Geschenke Friedrichs des Großen wies er hochtrabend zurück (und ließ sie dann heimlich durch seine Geliebte annehmen). Dieser verlogene Poseur mit der komödiantischen Heuchelei unterhielt sein adliges Publikum. Der plebejische Parvenu spielte den Verächter der Gesellschaft, die ihn dafür masochistisch feierte. Er gab den urigen Proleten, schminkte sich auf unverfälschte Natur und spielte den Salonbauern. Sein extravaganter Naturkultus war die letzte Raffinesse für übersättigte Dekadents, die ihrer Überzüchtung müde waren. Die brutale ‚Idiotie des Landlebens' (Marx) wurde bei Rousseau zum Flanieren in synthetischen Urwäldern.

Der von Friedrich dem Großen geförderte *de Lamettrie* (1709-51) stellte in der „Menschmaschine" wie Descartes Mensch und Tier nicht bedauernd, sondern triumphierend als mechanische Automaten vor. Als er an einer Trüffelpastete starb, benutzten seine frommen Gegner die Gelegenheit, noch einmal vor dem physikalischen Materialismus nachdrücklich zu warnen.

Der adlige Sensualist *Condillac* (1715-80) hielt wie La Rochefoucauld alle Sittlichkeit für versteckte Selbstliebe und alle Geistigkeit für versteckte Sinnlichkeit. Sein Schüler schrieb: „Die Nerven, das ist der ganze Mensch." – „Das Hirn dient zum Denken wie der Magen zur Verdauung ... die Nahrung setzt den Magen in Bewegung wie die Sinneseindrücke das Hirn." Die geistige Nahrung war dann auch danach, von den Ausscheidungen ganz zu schweigen.

Der reiche pfälzische „Hoteldirektor der Philosophie" Baron Dietrich *von Holbach* (1723-89) schrieb 1770 dann den atheistischen Katechismus dazu: „Der Mensch ist ein denkendes Stück Materie ..." Aus der ewigen Mater-ie komme alles, und in sie gehe alles zurück, auch sie selbst. Sie kenne weder Liebe und Haß noch Gut und Böse, sondern nur Ursache und Wirkung. Sie sei Selbstzweck, und wir seien ihre bloßen Mittel.

Der zarte Marquis de *Vauvenargues*, Luc de Clapiers, starb als Offizier mit 32 Jahren. Klarheit und Einfachheit seien „Kreditbriefe der Philosophen". Wir achten vieles nur, um uns selbst nicht verachten zu müssen, schrieb er, und Liebe sei nie so zartfühlig wie Egoismus. Man liebt Ruhm ohne Tugend mehr als Tugend ohne Ruhm, wußte der unsentimentale Vorläufer einer sehr männlichen Empfindsamkeit. An Frauen gefällt nur Schamhaftigkeit, an Männern nur Schamlosigkeit, beklagte er. „Die großen Gedanken kommen von Herzen."

Die „Physiokraten" hielten Mutter Erde für die einzige Quelle der Reichtümer. Gegen den einschränkenden Vater Staat sei es wichtig, „daß man Mutter Natur allein machen läßt". – „Laisser passer!"

Von Nicolas *Chamfort* (1741-94) stammte die Parole der Grande Révolution: „Was ist der Dritte Stand? Alles. Was besitzt er? Nichts." „Krieg den Palästen, Friede den Hütten." Freiheit, Gleichheit, Brüderlichkeit? Als Chamfort diese Aufschrift las, sagte er:

„Das ist die Brüderlichkeit Kains." Das brachte ihn in den Kerker, wo er sich das Leben nahm.

„Der Adel, heißt es, ist eine Zwischenstufe zwischen König und Volk. Ja, wie der Jagdhund eine Zwischenstufe ist zwischen Jäger und Hasen."

An seine Leser: „Wieviele Dummköpfe müssen zusammenkommen, damit ein Publikum entsteht?"

* * *

Aufklärung aus Sudelbüchern

Der Vater schrieb ins Kirchenbuch: „Söhnlein sogleich wegen Schwachheit von mir getauft." Der ‚naturkündige', polytechnisch dilettierende Geistliche gab dem Sohn ‚eine Prädilektion für Physik' mit, bevor er dem Neunjährigen starb. Lebenslang wollte Georg Christoph ihm durch Selbstmord nachsterben von diesem Alter an. Nach dem Tod auch des ältesten Bruders verliebte der Zehnjährige sich in einen Mitschüler, den Primus der Schule. Die heitersanfte Pfarrerstochter Henrike Catherine war ganz Hausfrau und Mutter, die Bücher las und Gott im gestirnten Himmel verehrte; *Lichtenberg* hat sie vergöttert. Als er mit 22 Jahren auf der Universität war, starb sie, und er trieb mit der Toten bis zum Lebensende einen fast blasphemischen Kult. Sie erschien ihm immer wieder in Träumen, tröstend und mahnend, und er beging ihren jährlichen Todestag „wie einen Heiligentag", in „Anbetung der heiligen Mutter". Der Göttinger Physik- und Philosophieprofessor wußte so geschickt die Wandtafel zu beschreiben, daß den Studenten sein Höcker kaum sichtbar wurde. „Seine eigene Figur lacht ihn aus", ihr wünschte er „weniger Relief". In dem ungesunden Körper steckte ein gesunder Witz, der die ‚Organminderwertigkeit' überkompensieren mußte. Zu Lebzeiten wagte er seine aphoristischen ‚Sudelbücher' nicht zu veröffentlichen, die seinen Nachruhm begründeten. Als einer der ersten nahm er Träume ernst und begriff Aufklärung auch als sexuelle. Ein Jahr nach dem Tod der ‚Stechardin', eines dreizehnjährigen Blumenmädchens, das der 35jährige sich ins Haus geholt hatte, machte er eine 24jährige Erdbeerverkäuferin zu seiner Haushälterin und Geliebten. Die unehelichen Kinder legalisierte er, als seine „Nervenkrankheit" ausbrach mit 47 Jahren: Jetzt war seine „liebe Bett-Schwester" auch seine Krankenschwester. „Es ist alles alles Krankheit bei mir". Der „Kolumbus der Hypochondrie" zog sich immer tiefer zurück ins Ehe- und Krankenbett. „Wer nicht heiratet, soll auch nicht essen". Das letzte von siebzehn Kindern schrieb als „verheirateter 4füßiger Mensch": „Ehe ich eine Frau haben wollte, die mir keine Kinder brächte, lieber wollte ich ... mich in die Muttergottes verlieben." Studenten sagten: „Er macht ein Kind nach dem andern mit gesunden und hübschen Frauenzimmern, und als ihm die Hannoversche

Karikatur Lichtenbergs, wahrscheinlich von seinem Kollegen Blumenbach

Regierung deshalb einen Vorwurf machte, so entschuldigte er sich damit, daß er viel zu häßlich wäre, als daß ihn eine Frau lieben, geschweige denn treu bleiben könnte." Noch kurz vor dem Tode 1799 betrog er seine Frau voller Gewissensbisse mit einer jungen ‚Doly': „Viel Satan den Abend". – „So hänge ich in der Welt zwischen Philosophie und Aufwärterinnenlist, zwischen geistigsten und sinnlichsten Empfindungen in der Mitte, taumelnd aus jenen in diese ... Wir beide, Ich und mein Körper, sind noch nie so sehr entzwei gewesen als jetzo ...". Vierzehnjährig fing er gleichzeitig an mit Liebe und Schreiben.

Der die Dialektik der Aufklärung schon sah, sah die Französische Revolution ambivalent: „Es ist Demokratie in dem aus Kopf und Herz bestehenden Menschen, was die Monarchie der reinen Vernunft verwirft, und die politischen Demokraten stützen sich auf die Monarchie der Vernunft. Sie erkennen eine Monarchie zur Verteidigung der Demokratie". „Die Vernunft sieht jetzt über das Reich der dunkeln aber warmen Gefühle so hervor wie die Alpenspitzen über die Wolken." – Er las noch Fichte, empfing Baader, wurde vom romantischen Naturphilosophen Schelling zitiert als Vorläufer und von Jean Paul als kongenial erkannt. „Wo er einen Spaß macht, ist ein Problem verborgen", sagte Goethe. Tucholsky sah in ihm „Morgenstern plus Hebbels Tagebücher plus französischer Klarheit plus englischer Groteske plus deutschem Herzen". Der Alkoholiker starb mit 57 Jahren.

* * *

Lachende Philosophie

„Demokritos oder hinterlassene Papiere eines lachenden Philosophen" war ein zu Lebzeiten des Autors (1767-1832) ebenso vielgelesenes wie heute zu Unrecht verschollenes Weisheitsbuch. Wer sich von Lichtenberg aufklären lassen will, sollte nicht unaufgeklärt bleiben durch *Karl Julius Weber*. „Mein Vater war fürstlicher Rentmeister zu Langenburg, im Hohenlohischen und starb, ... als ich 15 Jahre zählte, meine Mutter verließ das Zeitliche 1803."

„Zur Frau konnte ich nie kommen, vielleicht wegen der Frauen ... Man ist mir entgegengekommen, daher brauchte ich niemand zu – verführen, daher muß mir Gott auch das Hagestolziat in Gnaden verzeihen ... Ich gehöre weder zu den Weiberhassern noch zu Quins Konfession, der es bequemer fand, die Liebe ganz fertig zu kaufen und mit der Verachtung des Geschlechts aufzuhören. Die Huldinnen haben mir mehr als hundert anderen gelächelt, mir stets den besten Weg gezeigt, und so wandelte ich darauf fort, ohne ernsthaft an den Abend zu denken, und jetzt – sagte mir unlängst eine Dame selbst –: ‚Jetzt ist's nicht mehr der Mühe wert.' ... Ich bin für die Ehe ... Man muß sich in so vieles fügen, warum nicht auch in eine Frau! ... Ich blieb ledig, schränkte mich ein, schriftstellerte und lebte einsam auf dem Lande."

Auf seinem Grabstein sollten wir lesen: „Hier liegen meine Gebeine, Ich wollt, es wären deine."

„Demokrit lachte, Heraklit weinte, und beider Ansichten flossen im Grunde aus ... Eitelkeit: sie verachteten die Menschen um sich her." „‚Was ist Wahrheit?' fragte Pilatus, und da er das gefragt hatte, ging er hinaus – und so machen es auch die Philosophen ... Die Alten hatten nur sieben Weisen, wir zählen sie nach Hunderten ... Die Metaphysiker gleichen den Mäusen, die über den Baumeister des Schlosses räsonnieren, dessen Löcher sie bewohnen, die Mehrzahl aber sucht Essen, Trinken, rammelt und weicht Katzen möglichst aus dem Wege ... Aber wir haben große Fortschritte gemacht, wenn wir die Grenzen unseres Verstandes nicht mehr für die Grenzen der Natur ansehen."

Nach einiger Zeit als Hofmeister „lebte ich ziemlich eingezogen bei meiner Schwester von den kleinen Renten, die ich beziehe, beschäftige mich mit der Kultur meines Geistes, mit Literatur, Philosophie ..."

„In allen Sprachen verkleinert die Liebe ihr Geliebtes und macht es zum Kinde ... Unsere Vorfahren nannten diese Liebe ‚Minne' ... immer besser als ‚Setzung des Ichs ins Nicht-Ich' ... Die Liebe hat zwei Sekten: Physiker und Metaphysiker, aber die Wahrheit liegt auch hier in der Mitte ... Nirgends ist das Paradoxon: ‚Die Hälfte ist mehr als das Ganze' wahrer als in der Liebe, und Tausende haben die

Hälfte wieder zurückgewünscht, als sie das Ganze kennengelernt hatten ... Eine aufrichtige Metaphysikerin von 18 bis 40 Jahren ist so selten als eine Schönheit von 70 bis 80 ..."

* * *

Als der adlige Rechtsanwalt 32-jährig starb, war das jüngste seiner drei Kinder aus der Ehe mit seiner Stiefschwester gerade zwei Jahre alt. *David Hume* wuchs vaterlos auf als bürgerlicher Sohn seiner streng calvinistischen Mutter aus altem schottischem Geschlecht: Der angelsächsische Empirismus ist die antimetaphysische Metaphysik eines vaterlosen Jungen, der beschränkt ist auf seine sinnliche Erfahrung mit Mutter Natur und seinen Vater geistig erschließen will, welcher „mich zusammen mit einem älteren Bruder und einer Schwester in der Obhut unserer Mutter zurückließ. Obwohl noch jung und schön, widmete sich diese höchst verdienstvolle Frau ausschließlich der Aufzucht und Erziehung ihrer Kinder" (Autobiographie) und heiratete nie wieder. „Davie, geh zurück an die Universität und werde Rechtsanwalt wie Vater und Großvater!" Aber Davie bockte: „Unser Davie hat einen feinen, gutmütigen Charakter, aber er ist ungewöhnlich schwachsinnig ... ein bekannter Philosoph will er werden! Das Studium hat er aufgegeben, um Zeit zum Denken zu haben! ... mit seinem Onkel streitet er über die Wahrheit der Bibel — Ja, wo gibt's denn so etwas!" — Philosophie war für Hume ein Antidepressivum, sie sollte die menschliche Natur retten vor der Überforderung durch gottväterliche Gebote, die dem Studenten vier Jahre lang schwere psychosomatische Depressionen machte. Cicero brachte ihn ab von der Juristerei. Der 1.80 m große ungeschickte Junge erhielt den Spitznamen Tölpel, aß viel, trank mäßig und war allzeit hilfsbereit. Im geliebten Frankreich las er seinen Vorläufer John Locke und bewunderte französische Mädchen ohne Erfolg. „Ich kastriere gegenwärtig mein Werk, d.h. ich schneide seine edleren Teile heraus ... es möge so wenig Anstoß als möglich erregen" bei Mutter Kirche und Gottvater. Deshalb erregte der „Traktat über die menschliche Natur" des 28-Jährigen weder Anstoß noch Aufsehen: „Als Totgeburt fiel es aus der Presse." Der entlaufene Calvinist, Jurist und

Kaufmannsgehilfe wurde Gesellschafter eines geisteskranken Marquis, Sekretär eines Generals, Kriegsgerichtsrat, Gesandtschaftssekretär in Wien und Turin, Bibliothekar am Juristenkollegium in Edinburgh und schließlich britischer Botschafter in Paris, der Leibphilosoph französischer Könige und französischer Aufklärer zugleich. „Die Damen rissen sich förmlich um den ungefügen Schotten" (Baron Grimm). Erst entzog sich der ebenso eifersüchtige wie auf seine Seelenruhe bedachte 50-Jährige einer überaus attraktiven Bewundererin, der zierlichen Mätresse des Grafen Conti, schließlich wurde er der Geliebte der ‚göttlichen Komteß' Mme. Boufflers im ‚Salon der vier Spiegel'. „Du hast mich vor einer gänzlichen Gleichgültigkeit gegenüber allen Dingen des menschlichen Lebens bewahrt", gestand er ihr und floh dann doch: „Eine Frau gehört nicht zu den unentbehrlichen Lebensbedürfnissen" dieses „Courmachers, der weder Ehemänner noch Mütter beängstigt." „Ich bin entschlossen, die feinen Leute zu verlassen, bevor sie mich verlassen." Das anglophile Paris der Aufklärung verwöhnte ihn zwei Jahre lang, aber er sehnte sich zurück auf seinen schottischen „Lehnstuhl". Als der 60-jährige zum erstenmal ernsthaft an Heirat dachte mit der halb so alten, charmanten Schatzkanzlerstochter Nancy Orde, entdeckte er, daß er zu fett, zu alt und zu faul war. Der Reichgewordene, der als Erbteil nur 50 Pfund jährlich gehabt hatte, verschenkte viel von seinem erworbenen Vermögen an Verwandte, liebte gutes Essen, gute Freunde und Moral ohne Religion. „Sein großes Talent zum Kochen" verband den Kartenspieler mit seinem preußischen Bewunderer Kant, den er „aus dem dogmatischen Schlummer" riß und doch nicht vor der Infinitesimalphilosophie eines Leibniz retten konnte. Hume wurde als frommer Calvinist geboren, lebte wie ein Epikureer, dachte wie ein Skeptiker und starb 65-jährig unter Freunden „in völliger Ruhe des Geistes" (Adam Smith) wie ein Stoiker, an Leberkrebs wie seine Mutter, frau- und kinderlos. Metaphysik war ihm „Produkt unfruchtbarer Anstrengung der menschlichen Eitelkeit, welche in Gegenstände einzudringen sucht, die dem Verstand nicht zugänglich sind... um seine Blößen zu bedecken." Kinder werden nicht geboren, weil, sondern nachdem sich ihre Eltern magnetisch angezogen und vereinigt haben: Eltern und Kinder waren für Hume nicht kausal verbunden wie Ursache und Wirkung, sondern nur zeitlich wie Vorfahren und Nachkommen. Als Ursache des Kindes wird die Mutter von den Sinnen ganz sicher ermittelt, der Vater jedoch vom Verstand nur höchst ungewiß – und vom Sinnenzeugnis gar nicht. „Pater semper incertus, während die Mutter certissima ist“ (Freud). Der reservierte und liberale Kosmopolit Hume mißtraute der Kraft von Sinnlichkeit und Verstand, den Vater eines Kindes zu ermitteln, doch Mutterschaft war unmittelbare sinnliche Gewißheit für ihn. Vaterschaft wird nicht logisch erschlossen, sondern durch ein soziales Urteil zugesprochen. Humes Empirismus wird matriarchalischer Einspruch gegen patriarchalische Verfügungsgewalt, aber ohne ‚angeborene oder erworbene Idee‘ des Vaters zerfällt das Ich des Menschenkindes wieder in ein „bloßes Bündel verschiedener Bewußtseinsinhalte“ und desintegriert zu psychotischen Primärprozessen in vaterlosen Muttersöhnchen. Abstammung, Ich und Über-Ich sind keine Substanzen und Kausalitäten mehr, sondern nur noch Gewohnheitsrechte und sozialpragmatisch nützliche Konventionen: „Die natürliche Einstellung der Sitten des gemeinen Volkes“ soll am Ende gewährleisten, was „ideas and impressions“ nicht beweisen können. „Das Ganze der Welt ist ein Rätsel, ein unerklärliches Mysterium ... So ist die Einsicht in menschliche Blindheit und Schwäche das Resultat aller Philosophie.“ Hume kroch lieber zurück unter den Rock der Mutter Natur als der Mutter Kirche, da er den toten Vater nicht wiederfand. – „Die Vernunft ist Sklavin der Leidenschaften, und sie soll es sein und bleiben.“ Europäische Philosophie ist ein permanenter geistiger Vatermord, und der Faschismus wird später davon profitieren.

* * *

Adam kann das Dingsbums an sich der Mutter Natur erkennen. Moses oder Kant?

Der Ostjude *Salomon Maimon*, Sohn eines polnischen Schankwirts, wurde mit 11 Jahren verheiratet, als seine Mutter starb. Er ließ Frau und Kinder in Polen zurück, um nach Deutschland zu flüchten, dem Land der Aufklärung. In Berlin bewahrten ihn wohlhabende Juden vor dem Verhungern (u.a. Mendelssohn). Seine Frau erreichte den Scheidebrief von dem ‚Vagabunden'. In einer damals vielgelesenen Autobiographie schilderte der proletarische Autodidakt seine geistige Emanzipation. Kant erkannte im talmudkundigen Maimon (der sich nach Moses Maimonides benannte) den einzigen, der seine Transzendentalphilosophie wirklich verstanden habe — obwohl Maimon das ‚Ding an sich' für ein Unding oder für mehr hielt als Kant. Dadurch leitete er schon über in den spekulativen deutschen Idealismus. Am Ende gewährte dem schwierigen Mann nur ein Adliger, der seine erschütternde Lebensbeschreibung bewunderte, auf seinen Gütern freundliches Asyl. Dort starb Maimon im Alter von nur 47 Jahren.

* * *

Mutter Natur hält mit ihrem Dingsbums an sich

Der Zwangsneurotiker *Immanuel Kant* war das vierte Kind von elf Kindern eines armen Sattlers und einer strengen Pietistin. Er war etwa 1,60 m groß (wie Heidegger), schmächtig und sehr mager, seine Brust war eingedrückt und seine rechte Schulter höher als die linke. Durch pedantische Lebensführung vor allem in späteren Jahren suchte der ewige Hypochonder seine schwächliche Konstitution zu kompensieren, aber auch sein seelisches Gleichgewicht zu halten. Nach den Spaziergängen des älteren Kant konnten die Leute ihre Uhren stellen. Seine grillenhafte Hypochondrie schrieb das kleine Buch: ‚Von der Macht des Gemüts, durch den bloßen Vorsatz seiner krankhaften Gefühle Meister zu sein.'

Wie er selbst aus seiner Geburtsstadt Königsberg sowenig je herausgekommen ist wie aus seinem Junggesellenstand, so kommt das Erkenntnissubjekt in seiner Philosophie nie aus sich selbst heraus, um das ‚Ding an sich' der Welt zu erreichen. Mit 46 Jahren wurde der Hauslehrer adliger Familien endlich Philosophieprofessor und konnte sich ein kleines Haus kaufen. Erst mit 63 Jahren richtete er sich einen eigenen Haushalt ein, vorher hatte er in Hotels gegessen. Als männliche Jungfrau starb der Marast im Alter von 80 Jahren mit den Worten: „Es ist gut". Zu oft betonte er, von den Eltern nie etwas

Unanständiges und Unwürdiges gehört und gesehen zu haben, als daß nicht das Gegenteil wahrscheinlich wäre. „Die Metaphysik, in die verliebt zu sein mein Schicksal ist", machte ihm physische Liebe unmöglich. In seiner pragmatischen ‚Anthropologie' bezeugte er die Angst, von Frauen unterdrückt zu werden, und ließ daher den männlichen Verstand der Mutter Natur die Gesetze vorschreiben.

(An sich hält Mutter Natur ‚an sich' und ist ‚nicht für mich' da, sondern biblisch gesprochen ‚unerkennbar' für den alten Adam. Vor jeder Erfahrung mit ihr stellen wir sie in der reinen Einbildung uns vor, müssen aber sinnliche Erfahrung machen, um sie auch wirklich zu ‚erkennen'.) Der Gipfel der deutschen Aufklärung war ein ewiger Jüngling, ohne jede Erfahrung mit dem anderen Geschlecht, der die ‚Pflicht' über Neigung, Leidenschaft und Begehren ‚siegen' ließ.

Der spätere „Alleszermalmer" (Mendelssohn) hing als Kind weniger an seinem wirtschaftlich glücklosen Vater, der in Königsberg den russisch-englischen Handelsaufschwung nicht zu nutzen wußte, als an seiner literarisch gebildeten Mutter, die er im Alter von 13 Jahren verlor. Alle Motive seines Denkens verdankte er ihr: „Nie werde ich meine Mutter vergessen, denn sie pflanzte und nährte zuerst den Keim des Guten in mir, sie öffnete mein Herz den Eindrücken der Natur, sie weckte und erweiterte meine Begriffe, und ihre Lehren haben einen immerwährenden, heilsamen Einfluß auf mein Leben gehabt." Kant und Hegel waren beide Musterschüler, deren Begabung von ihren gebildeten pietistischen Müttern entdeckt und gefördert wurde, die sie beide mit 13 Jahren verloren. Kants Mutter wurde in einem Armengrab beigesetzt.

Der begabte Achtjährige besuchte acht Jahre lang das Collegium Fridericianum und erinnerte sich zeitlebens mit „Bangigkeit und Schrecken" an die „Jugendsklaverei", die „fromm, gelehrt und höflich" machen sollte. Lateinische und griechische Grammatik und mehrere Andachten täglich waren wichtiger als Deutsch und Naturwissenschaften. Der arme Student bewohnte mit Kommilitonen ein Untermietzimmer in Gütergemeinschaft, mied aber studentische „Belustigungen" und übliche „Schwärmereien" fürs andere Geschlecht. Gerühmt an ihm wurden Witz und Belastbarkeit durch Arbeit. Newton war ihm die „personifizierte Wissenschaft". In seiner

Kant rührt Senf an für sein Leibgericht Kabeljau.
Der Buckel machte ihm „Beklemmungen bis zum Überdruß des Lebens".

ersten (von Lessing verspotteten) Schrift gab er zu bedenken, ob Gott nicht mehr Raumarten als die euklidische geschaffen haben könnte. Nach sechs Jahren verließ er die Universität ohne Abschluß und brachte sich fast ein Jahrzehnt lang in wechselnden Familien als Hauslehrer durch. Gräfin Keyserling brachte dem Handwerkersohn feinere Manieren bei. Er meinte, es habe wohl nie einen schlechteren Pädagogen mit besseren Grundsätzen als ihn gegeben. „Da ich eine Frau brauchen konnte, konnte ich keine ernähren, und da ich eine ernähren konnte, konnte ich keine mehr gebrauchen."

Kant promovierte mit einer Schrift „Über das Feuer" und wurde mit 31 Jahren Privatdozent für Logik und Metaphysik. Das Erdbeben von Lissabon erschütterte nachhaltig seinen metaphysischen Optimismus wie Voltaires. Die „Allgemeine Naturgeschichte und Theorie des Himmels" sah in den „Abgrund der Ewigkeit" und lehrte die natürliche Weltentstehung in Anziehung und Abstoßung der Atome zu ‚Klumpen' durch ‚Urwirbel'. Gottvater war überflüssig: „Gebt mir Materie, und ich will euch eine Welt bauen." Kant dachte sich „die meisten unter den Planeten gewiß bewohnt" von Wesen umso intelligenter, je sonnenferner lebend. „Im Anfang aller Dinge" war nur Mutter Natur und ihre Gesetze. Seines Interesses für den Okkultismus des „Erzphantasten" Swedenborg schämte sich Kant später in den „Träumen eines Geistersehers", und die ‚Kritik der reinen Vernunft' begrenzte die Reichweite der Einbildungskraft. Ohne sinnliche Erfahrung sei Vernunft nur Phantasie. Der Stubenhocker sprach von seinem „kleinen Anteil an Lebenskraft". Der Philosoph „verachtete den Pöbel, der von nichts weiß. Rousseau hat mich zurechtgebracht ... ich lernte die Menschen ehren und würde mich unnützer finden wie den gemeinen Arbeiter, wenn ich nicht glaubte, daß diese Betrachtung allem übrigen einen Werth verleihen könnte, die Rechte der Menschheit herzustellen."

15 Jahre lang hauste der schlechtbezahlte Privatdozent in wechselnden Mansarden, immer auf der Flucht vor Lärm. Seine Bibliothek mußte er verkaufen, um nicht zu verhungern, und ersetzte sie später nie mehr. 16 Jahre lang las er dann als kaum weniger schlecht bezahlter Ordinarius für Logik und Metaphysik, bevor der Berühm-

te eine Gehaltserhöhung von 300% erhielt. Erst im letzten Jahrzehnt vor seiner Emeritierung konnte er sorgenfrei leben.

Sein Diener mußte ihn morgens um 5 Uhr aus dem Bett werfen. Mit der Schlafmütze auf dem Kopf trank er genau zwei Tassen schwachen Tee und rauchte eine einzige Pfeife Tabak. Bier und Kaffee liebte er über alles, trank das aber nicht, weil er es für ungesund hielt. Um 7 Uhr las er zu Hause vor zwei Dutzend Studenten, aber nie seine kritischen Schriften, sondern über konventionelle Philosophie. Sein Haus war spartanisch eingerichtet. In der Studierstube hing nur ein Bild Rousseaus. Um 13 Uhr zog er den Schlafrock aus und empfing zum Mittagessen eine Männergesellschaft von Kaufleuten, Kriminalräten und Offizieren, mehr als die drei Grazien und weniger als die neun Musen. Kant bereitete die Speisen so gut, daß er immer wieder um eine ‚Kritik der Kochkunst' gebeten wurde. Er trank eine Flasche Wein pro Tag. Zum Mittagsschlaf nach heiter geselliger Runde versammelte man sich im Garten. Um 16 Uhr setzte sich Kant einen Dreispitz auf die weißgepuderte Rokokoperücke und ging spazieren. Durch Bettler fühlte der Promeneur sich ebenso belästigt wie durch Mitbürger, die ihn ansprachen: Aus Angst vor Erkältung hielt er nämlich die Lippen beim Gehen zusammengepreßt. Er war so lärmempfindlich, daß er sich erfolgreich beschwerte über die „zudringliche Kunst" der „Heuchler im Gefängnis", die abends fromme Choräle ins Freie sangen. Sein Diener Lampe, für den er nach Heines Vermutung wieder Gott in die praktische Philosophie zurückgeholt hat, nachdem er ihn aus der theoretischen Philosophie vertrieben hatte, trank soviel, daß Kant ihn entlassen mußte. Gegen seine Skrupel notierte er auf Zetteln: „Der Name Lampe muß nun völlig vergessen werden!"

Vor dem Schlafengehen las er, der nie reiste, Reisebücher. Um 22 Uhr schlug er das Bettuch so geschickt um sich, daß er wie ein Embryo in einem Kokon lag, und schlief aus Angst vor Ungeziefer stets bei geschlossenen Fenstern.

Als der ‚alleruntertänigste Knecht' Friedrichs des Großen und Sympathisant der amerikanischen und französischen Revolution des Atheismus angeklagt wurde, parierte er sofort: „Wenn alles, was man sagt, wahr sein muß, so ist darum nicht auch Pflicht, alle Wahrheit öffentlich zu sagen."

Der republikanische Verfechter konstitutioneller Monarchie hielt Demokratie für Despotismus und Aufstand gegen Tyrannei für Tyrannei. Zweimal stand Kant kurz vor der Verlobung mit ‚würdigen Frauenzimmern', zögerte aber so lange, bis sie von anderen weggeheiratet waren. Gelehrte Frauen haßte er; eine Frau sollte „Professorin im Hause" sein.

„Das Weib ist da ein Haustier. Der Mann geht mit Waffen in der Hand voran, und das Weib folgt ihm mit dem Gepäck des Hauses beladen."

„Denn in der Gleichheit der Ansprüche zweier, die einander nicht entbehren können, bewirkt die Selbstliebe lauter Zank. Ein Teil muß im Fortgang der Cultur auf heterogene Weise überlegen sein: der Mann dem Weibe durch sein körperliches Vermögen und seinen Mut, das Weib aber dem Manne durch seine Naturgabe, sich der Neigung des Mannes zu ihr zu bemeistern."

„Ob mit Maul oder Zähnen, oder der weibliche Teil durch Schwängerung und daraus vielleicht erfolgender, für ihn tödlicher Niederkunft, der männliche aber durch von öfteren Ansprüchen des Weibes an das Geschlechtsvermögen des Mannes herrührende Erschöpfungen aufgezehrt wird, ist bloß in der Manier zu genießen verschieden."

„Wer soll dann den oberen Befehl im Hause haben? denn nur Einer kann es doch sein, der alle Geschäfte in einen mit diesen seinen Zwecken übereinstimmenden Zusammenhang bringt. Ich würde in der Sprache der Galanterie (doch nicht ohne Wahrheit) sagen: die Frau soll herrschen und der Mann regieren; denn Neigung herrscht, und der Verstand regiert."

„Er liebt den Hausfrieden und unterwirft sich gern ihrem Regiment, um sich nur in seinen Geschäften nicht behindert zu sehen; sie scheut den Hauskrieg nicht, den sie mit der Zunge führt und zu welchem Behuf die Natur ihr Redseligkeit und affectvolle Beredtheit gab, die den Mann entwaffnet."

„Ein sehr verfeinerter Geschmack dient zwar dazu, einer ungestümen Neigung die Wildheit zu benehmen und, indem sie solche nur auf sehr wenige Gegenstände einschränkt, sie sittsam und anständig zu machen; allein sie verfehlt gemeiniglich die große Endabsicht der Natur, und da sie mehr fordert oder erwartet, als diese gemeiniglich leistet, so pflegt sie die Person von so delikater Empfindung sehr selten glücklich zu machen ... Daher entspringt der Aufschub und endlich die völlige Entsagung auf die eheliche Verbindung."

„Man schätzt manchen viel zu hoch, als daß man ihn lieben könne. Er flößt Bewunderung ein; aber er ist zu weit über uns, als daß wir mit der Vertraulichkeit der Liebe uns ihm zu nähern getrauen." Ein transzendentaler Ödipuskomplex. Der unaufgeklärte Aufklärer Kant lebte nicht nach seinem ‚kategorischen Imperativ': Wenn nun alle so lebten wie er als Junggeselle, könnte niemand so leben, auch er selbst nicht; er würde nie geboren, um auch nur diesen Imperativ aufzustellen.

* * *

Zurück zu Mutter Natur?

Jean-Jacques Rousseau, Sohn eines Genfer Uhrmachers, gibt als Autor des ‚Emile' seine fünf Kinder ins Findelhaus, weil sie ihm zu laut und zu teuer sind. In der Jugend brennt er von zuhause durch, wird Schreiberlehrling, Handwerker, Priesterzögling, Musiklehrer, Kammerdiener, Sekretär, Erzieher, vagabundierender Musikant, Katasteramtangestellter, Notenschreiber, Opernkomponist und Dramenverfasser zwischen Genf, Italien, Schweiz, französischer Provinz und Paris. Er gesteht Diebereien, Lügen, Anfälle von Faulheit, Verleumdung unbescholtener Mädchen, wahllose Lektüre von Romanen, lebenslange Onanie und Neigung zum Exhibitionismus (etwa in der Neigung zum prahlerischen Geständnis desselben). Als Knabe wird er von einer Erzieherin geschlagen und behält davon einen lebenslangen Masochismus, der aber nie wagt, später Damen um solche Liebesdienste zu bitten. Bei der reichen extravaganten Madame de Warens gewinnt er Unterschlupf. Seine mütterliche Freundin bekehrt ihn zum Schoß der katholischen Kirche. Als sie ihm untreu wird, lernt er Therese Lavasseur kennen, ein Hotelmädchen, dem er das Schreiben beibringt. Er heiratet das Naturkind nach dreiundzwanzigjährigem Zusammenleben. Voltaire nennt ihn: Erznarr, Monstrum, Charlatan, Krebsgeschwür der Literatur, Exkrement des Jahrhunderts, wildes Tier und Verleumder. Krankheiten, Hypochondrien, Melancholie und paranoische Anfälle quälen Rousseau immer wieder, bis er gejagt 66jährig stirbt.

* * *

Moses Mendelssohn, der liebenswürdig großmütige und zwergenwüchsig bucklige Sohn eines Thoraschreibers, lebte mit Frau und Kindern erst als Buchhalter, dann als Prokurist und später als Chef eines jüdischen Handelshauses in Berlin. Er starb mit 57 Jahren.
Vom Ghetto zur deutschen Aufklärung?
„Mendelssohn kommt nach Hamburg und besucht Gugenheim in seinem Kontor. Dieser sagt: ‚Gehen Sie hinauf zu meiner Tochter, sie wird sich freuen, Sie zu sehen, ich habe viel von Ihnen erzählt.' Anderntags fragt Mendelssohn Gugenheim, was die Tochter, die ein gar anmutiges Wesen sei, von ihm gesagt habe. ‚Ja, verehrter Rabbi', sagt Gugenheim, ‚soll ich's Ihnen ehrlich sagen?' ‚Natürlich'. ‚Nun, Sie sind ein Philosoph, ein Weiser, ein großer Mann. Sie werden es dem Kinde nicht übelnehmen; sie hat gesagt, sie wäre erschrocken, wie sie Sie gesehen hat, weil Sie …' ‚Weil ich einen Buckel habe?' Gugenheim nickte. ‚Ich habe es mir gedacht, ich will aber doch bei Ihrer Tochter Abschied nehmen.' Er ging hierauf in die Wohnung und setzte sich zu der Tochter, die nähte. Sie sprachen gut und schön miteinander, aber das Mädchen sah nicht von ihrer Arbeit auf, vermied Mendelssohn anzusehen. Endlich, da dieser das Gespräch geschickt so gewendet, fragt sie: ‚Glauben Sie auch, daß die Ehen im Himmel geschlossen werden?' ‚Gewiß, und mir ist noch was Besonderes geschehen. Bei der Geburt eines Kindes wird im Himmel ausgerufen: der und der bekommt die und die. Wie ich nun geboren werde, wird mir auch meine Frau ausgerufen, aber dabei heißt es: Sie wird, leider Gottes, einen Buckel haben, einen schrecklichen. Lieber Gott, habe ich da gesagt, ein Mädchen, das verwachsen ist, wird gar leicht bitter und hart, ein Mädchen soll schön sein. Lieber Gott, gib mir den Buckel und laß das Mädchen schlank gewachsen und wohlgefällig

sein.‘ Kaum hatte Moses Mendelssohn das gesagt, als ihm das Mädchen um den Hals fiel – und sie ward seine Frau, und sie wurden glücklich miteinander.“

So dichtete Berthold Auerbach die Begegnung des 32jährigen M. mit der 24jährigen Fromet Gugenheim.

Mendelssohn verteidigte seinen Freund Lessing gegen Jacobis Vorwurf, weder *Theist* (Gott erhält die Welt in jeder Sekunde) noch auch nur *Deist* (Gott überläßt nach der Schöpfung die Welt den Naturgesetzen) zu sein, sondern Pantheist (Gottvater ist nicht jenseits von Mutter Natur), also Atheist. Mendelssohn wußte nicht, daß Jacobi Recht hatte und Lessing längst Spinozist war. Er starb an diesem Streitstreß.

In Wirklichkeit standen der Leibniz – Wolffianer Mendelssohn und der Christ Jacobi beide noch vor der Aufklärung, während Lessing die Grenze zur neuen Zeit schon überschritten hatte.

Mendelssohn öffnete das Ghetto-Judentum der europäischen Aufklärung, aber er blieb mit Moses plus Leibniz vor der Grenze zu Kant und Nicolai stehen. Kant wollte ihn für seinen Kritizismus gewinnen und umwarb ihn zeitlebens, aber vergebens. Mendelssohn hatte Kants Kritiken nie gelesen und schützte Kopfschmerzen vor. Er ging nicht davon ab, daß der reine Verstand durchaus auch gegen den sinnlichen Augenschein das Wesen der Dinge und Gott erkennen könne. Verstand à la Leibniz plus Gefühl à la Shaftesbury verschmolzen zur Anmut seines Stils.

„Nun ist das Christentum, wie Sie wissen, auf dem Judenthume gebauet, und muß notwendig, wenn Dieses fällt, mit ihm über *einen* Haufen stürzen. Sie sagen, meine Schlußfolge untergrabe den Grund des Judenthums, und bieten mir die Sicherheit Ihres obersten Stockwerkes an; muß ich nicht glauben, daß Sie meiner spotten?“
[*Jerusalem oder über religiöse Macht und Judentum*]

Idealismus auf Deutsch

Er gedachte, nichts weniger als die Subjektivisten Kant und Fichte und die Absolutisten Schelling und Hegel unter den Hut seines „Menschheitsbundes“ zu bringen und diese an deutschem Idealismus noch zu überbieten. Dabei erweiterte er aber weniger die philosophische Erkenntnis als die deutsche Sprache. Er begnügte sich nicht damit, in barocker Sprachreinigung die lateinische ‚Nase‘ durch einen deutscheren ‚Gesichtserker‘ zu ersetzen, und ging entschieden weiter als Heidegger, der sein Seyn nur ‚anwesen‘ und sein Nichts ‚nichten‘ ließ. Diese Deutschtümelei kam selbst den tedeskesten Urgermanen zu spanisch vor, und tatsächlich hatte dieser komische Prophet immer mehr Erfolg in Spanien als im eigenen Vaterland. Dieser unpraktische Idealist heiratete früh, hatte viele Kinder und konnte seine Familie kaum durchbringen. Aber das ‚harte bittere Unrecht‘ seiner Mitmenschen machte seinen Idealismus nie wankend. Der Bluffer muß selbst wissen, ob er bei den Krauses Eindruck schinden will mit einem Ausdruck von Karl Christian Friedrich *Krause* (1781-1832), der sein moralisches Sittengesetz so formulierte: „Wolle du selbst und tue das Gute als das Gute.“ Damit nicht genug:

„Die Sterbenden sind Heimlebende zu einer höheren Ordnung des Lebens ... dort sammeln sie sich lebgesetzmäßig und lebgesetzfolglich; die in früheren Lebensaltern Heimgegangenen erhalten dort ihre Weiterbildung, wenn und sofern sie nicht zu Wesensleb-Sendungen in anderen Teilgesellschaften angestellt werden ... Dies ist gewiß, so wahr Gott das Orom (sic!)-wesenslebige Wesen ist.“

Merke: „Ein neues Wort muß sich sogleich selbst erklären.“ Beispiel für Krauses neologistische Sprachschöpfungskraft: „Das Wort Eindruck ist ein Übersetznis aus ‚impressio‘ und soll Angewirktnis bedeuten.“ — Bedeutung oder Bedeutschung, das ist hier die Frage.

Der philosophische Hochstapler darf sicher sein, Krause in jeder besseren Philosophiegeschichte ganz ernst verzeichnet zu finden — und das nicht als philosophischen Hochstapler oder Spinner. Aber ob sich tief denken und hoch stapeln läßt mit folgenden innerdeutschen Ausdrücken, die fremdsprachlicher wirken als der fremdsprachliche Ausdruck, den sie übersetzen wollen?

Der Bluffer suche zu den folgenden Eindeutschungen den bekannten ‚sprachlichen Gastarbeiter' selbst:

„Vereinsatzheit" — „Inbeweg" — „Sellbilden" — „das Ordarzulebende" — „Seinheitureinheit" — „vollwesengliedbaulich" — „eigenleburbegrifflich" — „Vereinselbganzweseninnesein" und „Orend-eigen-Wesenahmlebheit".

* * *

„Das Ich setzt das Nicht-Ich" in die Welt

„Daß ich alles kurz zusammenfasse: Im unverdorbenen Weibe äußert sich kein Geschlechtstrieb, sondern nur Liebe; und diese Liebe ist der Naturtrieb des Weibes, einen Mann zu befriedigen. Es ist allerdings ein Trieb, der dringend seine Befriedigung heischt; aber diese seine Befriedigung ist nicht die sinnliche Befriedigung des Weibes, sondern die des Mannes; für das Weib ist es nur Befriedigung des Herzens." (»Deduction der Ehe« 1796)

Der ebenso tatendurstige wie kontemplative *Johann Gottlieb Fichte*, stiller Sohn eines sehr armen schlesischen Bandwirkers, der die Tochter seines Lehrherrn geheiratet hatte, brachte es vom Hütejungen, dessen Talente von Adel und Klerus entdeckt wurden, über einen selbstmordgefährdeten Hauslehrer zum antisemitisch deutschtümelnden Philosophieprofessor, der sich vom Jakobiner zum preußischen Gegner Napoleons entwickelte. Während der französischen Besetzung ließ er Frau und Kind allein in Berlin zurück und warf seiner Frau später moralisch vor, sich vor der Typhuserkrankung nicht bewahrt zu haben, die sie sich als Krankenschwester zuzog.

Fichte infizierte sich an seiner gesundenden Frau und starb mit 52 Jahren. Egoismus verkaufte er oft als Idealismus.

Er sprach von einem „guten, herzlichen , braven Vater". Die vielleicht depressive Mutter hatte „nie besondere Zärtlichkeit gegen mich gezeigt", „weil ihr Herz nicht gut ist". Er fragte: „Doch warum wird diese Frau nie heiter?" Urkunden beweisen, was Sohn Hermann später in der Biographie über seinen Vater verschwieg: Die

Eltern heirateten, damit Fichte kein ‚Kind der Schande' würde, und die Mutter hat diesen Sohn nie als Wunschkind geliebt. Fichte mißtraute von daher seinem Talent, dem anderen Geschlecht zu gefallen. Die von der Mutter verweigerte Anerkennung fand er bei einer 35jährigen Witwe als junger Mann. Er sonnte sich im Glanz ihrer Liebe und liebte es, sich von ihr lieben zu lassen: Zum ersten Mal durfte er ungestraft sich einem Menschen öffnen. Aber die frühkindlichen Erfahrungen mit der Mutter ließen ihn mißtrauisch ambivalent bleiben. Sein leicht verletzter Stolz machte ihn hochfahrend herrisch und aufbrausend selbstbewußt. Seine sanfte Frau behandelte er so, wie in seiner ‚Wissenschaftslehre' von 1794 das Ich sein von ihm ‚gesetztes' Nicht-Ich behandelt. Fichte setzte sich selbst, sein weibliches Alter ego und mit ihr Kinder in die Welt, obwohl er meinte, er fühle „zuviel Kraft und Trieb in mir, um mir durch eine Verheiratung gleichsam die Flügel abzuschneiden, mich in ein Joch zu fesseln, von dem ich nie wieder loskommen kann." „So wie ich Sie näher kennenlernte", schrieb er seiner Braut, „zog mein Verstand und mein Herz mich näher zu Ihnen hin, und jetzt — zieht sich die Schlinge immer fester zu". Erst nach Anerkennung durch Kant traute Fichte sich, sich mit Johanna Rahn trauen zu lassen. Erst Kants ‚Kritik der praktischen Vernunft' zeigte dem fatalistischen Deterministen die Möglichkeit der Befreiung vom Kausalnexus der Mutter Natur. „Was für eine Philosophie man wähle, hängt davon ab, was man für ein Mensch ist." F-ich-tes ‚Nicht-Ich' ist weder das ‚Ding-ansich' Kants noch das christliche Über-Ich, sondern das alter ego des Mitmenschen. Das Ich des Menschenkindes setzt Mutter Natur in die Welt und ‚erkennt' sie bis auf den Grund. Das brüderliche alter ego ist anzuerkennen in einem sittlichen ‚Reich der Geister'. Für den alten Fichte war die Freiheit des Menschenkindes von Mutter Natur eine Freiheit innerhalb Gottvaters, damit der menschliche Geist kein Gespenst würde.

Der hypersthenische Redner, der ab 1800 seine Ideen nur noch mündlich vortrug, wollte die Massen wie seine Mutter über-zeugen. Vor dem Rheinfall bei Schaffhausen fiel ihm nur ein, daß der menschliche Geist mächtiger sei. Mutter Natur sei nur „Pflichtmaterial". „Fichte begründet die Rechte des Mannes über die Frau in der

Fichte beim Berliner Landsturm, 1813.
Aquarellierte Zeichnung von Carl Friedrich Zimmermann

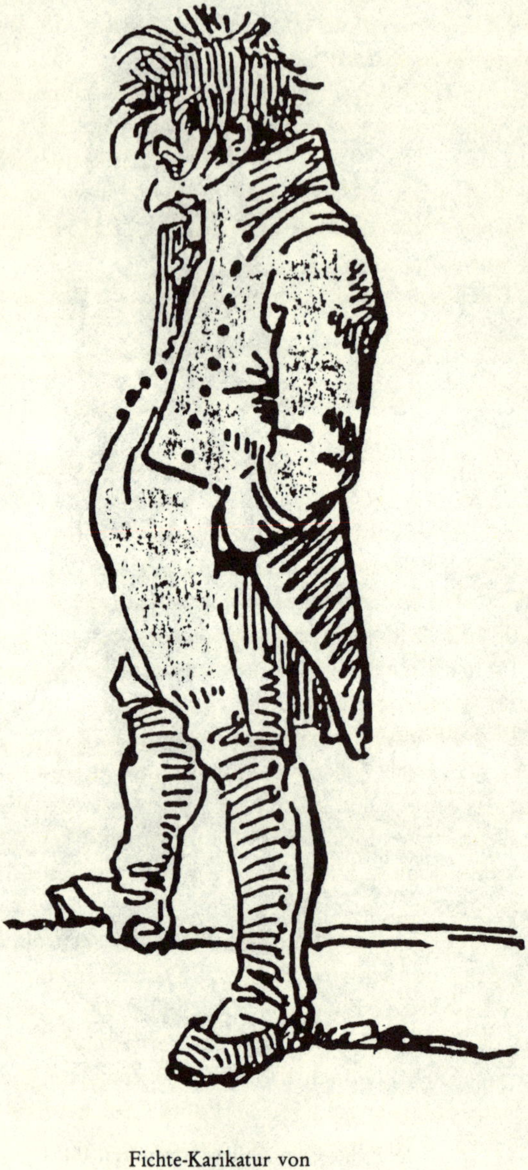

Fichte-Karikatur von
Johann Gottfried Schadow

Ehe auf die vermeintliche absolute Tätigkeit des Mannes und die Unthätigkeit der Frau im Beyschlaf." *(Adam Müller)*

Die „Wissenschaftslehre" war die narzißtische Philosophie eines unerwünschten, von der Mutter nicht anerkannten Kindes, das sich sein Sein und seinen Wert selbst schaffen mußte. „Ich bin durchaus mein eignes Geschöpf … Ich wollte nicht Natur, sondern mein eignes Werk sein." „Unser gesamtes Denken ist durch unseren Trieb selbst begründet; und wie des Einzelnen Neigungen sind, so ist seine Erkenntnis."

„Die Natur verhält sich zur Freiheit wie das Weib zum Manne."

* * *

Mutter Natur sagt „Ich"

Mit 15 schon statt mit 18 Jahren kam er auf das Tübinger Stift. Unter Hölderlins Einfluß protestierte er bald gegen Fichtes „Totschlag der Natur" und machte aus dem revolutionären Naturrecht auf Freiheit (von Mutter Natur) eine Naturphilosophie. Das von seinen Eltern und Lehrern sicher stolz bewunderte frühreife Wunderkind *Schelling* wurde mit 23 Jahren Philosophieprofessor. Der Sohn eines protestantischen Geistlichen aus Leonberg rebellierte gegen Vatergott und Mutter Kirche im Namen der Mutter Natur, in deren Arme seine ‚positive Philosophie' sich warf. Im Kreis der Jenaer Romantiker lernte 1799 der 24jährige die zwölf Jahre ältere Gattin August von Schlegels kennen und schrieb sein geschlossenstes Werk: ‚System des transzendentalen Idealismus' als Einheit von Natur-, Geschichts- und Kunstphilosophie. Er dichtete ein „Epikureisch Glaubensbekenntniss":

„Mein einzig Religion ist die, / Daß ich liebe ein schönes Knie, / Volle Brust und schlanke Hüften, / Dazu Blumen mit süßen Düften, / Alle Lust volle Nährung, / Aller Liebe süße Gewährung … Rat jedem, der es hat gelesen, / Von der Verderbnis zu genesen, / Auf'm Sofa mit einem schönen Kinde, / Zu explizieren die Lucinde."

Dieses Sofa war Schellings Filosofa. „Solches hab' in der Frau Venus Horst / Geschrieben, ich Heinz Widerporst." Des Ästheten Schellings ‚Potenzenlehre' ist projizierter philosophischer Eros. Drei

Jahre später konnte er sich einen ödipalen Traum erfüllen und dem ‚Vater' Schlegel seine ‚Mutter' Caroline wegnehmen: ‚Mama' zog dem ‚Papa' den ‚Sohn' vor, dessen ‚Urnatur' sie vergötterte. Erst wollte Caroline ihre Tochter aus erster Ehe, Auguste Böhmer, mit Schelling verheiraten. Beide standen einander sehr nahe. Schelling war erschüttert, als die Tochter 1800 mit 15 Jahren starb. Erbittert wehrte er sich gegen Gerüchte, er hätte eine mögliche Rettung durch eigene dilettantische Pfuscherei vereitelt. Die Ehe mit Caroline Schlegel dauerte 6 Jahre und endete mit dem Tod der Frau. Nach der Hochzeit 1803 begann sich Schellings Naturphilosophie religiösen Motiven zu öffnen unter mystisch-kabbalistischen Einflüssen Böhmes, Baaders und Molitors. Novalis lehnte er ab, er konnte „diese Frivolität gegen die Gegenstände nicht gut ertragen, an allem herumzuriechen, ohne einen zu durchdringen." – „Der Tod Carolines am 7. Sept. 1809 in Maulbronn stürzt Schelling in eine Existenzkrise, die auch sein philosophisches Schaffen maßgeblich prägt." Die Trauerarbeit begann mit Unsterblichkeitsspekulationen: „Clara oder der Zusammenhang der Natur mit der Geisterwelt" (1810). Meditationen über die Lebensalter projizierten sich in kosmische „Weltalter"-Mythen. Der Sechsunddreißigjährige versank schwermütig im Schoß eines göttlichen Absoluten, das selbst schwermütige Züge annahm. Caroline hatte ihn vergöttert: „Sie ist nun frei, und ich bin es mit ihr: das letzte Band ist entzweigeschnitten, das mich an diese Welt hielt." Nach dem publizistischen Sieg des Pantheisten Schelling über den Theisten Jacobi heiratete er 1812, drei Jahre nach Carolines Tod, deren Freundin Pauline Gotter, die nun soviel töchterlich jünger war als ihr Gatte, wie vorher Caroline mütterlich älter gewesen war als er. Er verhielt sich zu Pauline, wie früher Caroline zu ihm. Sie war die wiederauferstandene Auguste Böhmer und schenkte ihm ein Jahr später den ersten Sohn. Aller Welt abgestorben, als habe er sich selbst überlebt, erreichte Schelling ein Alter von 80 Jahren und starb 1854 an einem hartnäckigen Katharrh. In den Jahren des Schweigens nahm er philosophisch die tote Caroline als Mutter Natur in Gottvater auf (der sich in Mutter Natur nur gebiert, um sich am Ende der Zeiten wieder in sich selbst zurückzunehmen). Der ‚aufrichtige Jugendgedanke', den Marx gegen den späten Schelling verteidigte, war ein durch Kant hindurchgegangener Spinoza und spinozistisch gegen Hegel korrigierter Fichte, eine ‚positive Philosophie‘ der Mutter Natur in ‚Identität‘ mit dem Menschenkind, in gleich-gültiger ‚Indifferenz‘.

* * *

Die Geschichte mit dem Geist der Gattung

Georg Wilhelm Friedrich war das älteste von drei Kindern eines schwäbischen Finanzverwaltungsbeamten und durfte nie Kind sein. Der Bruder starb als junger Mann, die gemütskranke Schwester Christiane nahm sich 1832 kurz nach Hegels Tod in einer Nervenklinik das Leben. In einem Brief erinnerte sie sich, der junge *Hegel* sei von den Eltern verwöhnt worden, „weil er so gut lernte“. Die gebildet fromme Mutter sah in ihrem Wunderkind ein Geschenk des Herrgotts und förderte ehrgeizig seine Begabung. Den Dreijährigen gab sie bereits in eine Schule und holte ihm außerdem Privatlehrer ins Haus. Der Stubenhocker spielte selten mit Kameraden und erst recht nicht Erwachsenen Streiche. Dem erst achtjährigen „altklugen Kind“ schenkte ein Lehrer Shakespeares gesammelte Werke. Alle acht Gymnasialjahre hindurch blieb die „Primusnatur“ ein „Musterschüler“, dessen Leistungen regelmäßig prämiiert wurden. Mit 13 Jahren starb ihm die geliebte Mutter an der Schwelle seiner Pubertät. Als Mitschüler sich fürs andere Geschlecht zu interessieren begannen, schrieb der 15jährige ins Tagebuch: „Die Herrens führen da die Jungfrauen spazieren, und verderben sich die Zeit in heilloser Weise“. „Etwas Ältliches und Philiströses“ (Biograph Kuno Fischer) ging von dem Jugendlichen aus, der sich den herrschenden Meinungen der Herrschenden ohne alle eigene Originalität anschloß. Streikende Bauern seiner Umgebung nannte er „verwünschte Leute“. Der narzißtisch früh stimulierte Jüngling war kein frühreifes Wunderkind wie sein Tübinger Stiftskommilitone Schelling, sondern eher ein linkisch schwerfälliger Spätentwickler, der aber am Ende dann doch alle Lebenslaufkonkurrenten überrundete. Auf Wunsch der guten Mutter wollte er evangelischer Theologe werden. Auf dem Stift feierte er zusammen mit Hölderlin und Schelling die Französische Revolution und las Kant und Rousseau. Bis zum Lebensende trank Hegel eine Flasche Rotwein an jedem Jahrestag der Erstürmung der Pariser Bastille. Der Student vernachlässigte seine äußere Erscheinung, die Mädchen tuschelten über seine unsaubere Kleidung und mieden den Griesgram. Der schlechte Fechter saß lieber bis in die Nacht hinein beim Tarockspiel im Wirtshaus und erzählte Witze bei canabishaltigem Tabak. Der Stubenälteste prophezeite dem passionierten Weintrinker: „Hegel, du saufst dir gewiß no dei bißle Verstand vollends ab". Mitstudenten schrieben unter eine sich an Krücken dahinschleppende Karikatur: „Gott steh dem alten Mann bei!" Einer seiner Stiftsbrüder sagte später über den Berühmten: „Von Hegel hätten wir das nimmer gedacht". Morgens erschien er gelegentlich angeheitert zum Unterricht. Einmal mußte er eine Nacht im „Carcer" verbringen.

Mit der Patriziertochter Marie von Tucher, die seine Tochter hätte sein können, wurde der über Vierzigjährige sehr glücklich, nachdem er seine Verlobte gekränkt hatte durch den Satz in einem Liebesbrief, Männer wie er seien durch Frauen nicht glücklich zu machen. (Ein voreheliches Kind mit einer Vermieterin wurde von Hegels Frau gut aufgenommen, während sein größter Schüler Marx ein uneheliches Kind mit der Haushälterin Helene Demuth vor seiner Frau verstecken mußte. Frau Hegel adoptierte das uneheliche Kind ihres Mannes wie Friedrich Engels das seines großen Freundes, den er zeitlebens pekuniär säugen mußte.)

Nach dem Examen wurde der 23-Jährige Hauslehrer wie Kant, Fichte und Schelling. Vier Jahre lang unterrichtete er die drei Kinder der Berner Patrizierfamilie Steiger und verfaßte politisch-theologische Jugendschriften. Nach dem Tode des Vaters zog der 29jährige mit einem bescheidenen Erbteil nach Jena. Schelling besorgte ihm eine unbesoldete Privatdozentur und Goethe eine kargbesoldete außerordentliche Professur. Der Frau seines Hauswirts machte er ein Kind, versprach ihr die Ehe, als der Gatte verstarb, und floh dann doch. Erst später nahm er das uneheliche Kind in sein Haus auf: Ludwig H. fühlte sich von seiner Stiefmutter benachteiligt, unterschlug während der Lehrzeit Geld und wußte sich von seinem Vater nicht geliebt. Um ihn loszuwerden, kaufte ihm Hegel ein holländisches

Hegels Ehefrau Marie geb. von Tucher

Die ganze Welt auf dem Buckel

Fallots Eintragung in Hegels Studentenstammbuch
(Universitätsbibliothek Tübingen)

Offizierspatent. Vater und Sohn starben im gleichen Jahr 1831, Ludwig als Soldat in Djakarta, Hegel in Berlin an der grassierenden Cholera oder seiner lebenslangen Magenkrankheit.

Bevor Hegel 46jährig an die Universität Heidelberg berufen wurde und dann 48jährig den Lehrstuhl Fichtes in Berlin übernehmen konnte mit 2000 Talern Jahresgehalt, vermittelte dem journalistisch völlig Unbegabten sein lebenslanger Freund Niethammer einen bescheiden besoldeten Posten als Chefredakteur der ‚Bamberger Zeitung'. Hegel: „Jede Minute bei meinem Zeitungswesen ist verlorenes, verdorbenes Leben". Niethammer befreite den 38jährigen von der „Zeitungsgaleere" und machte ihn zum Rektor eines Nürnberger Gymnasiums, an dem er Latein, Griechisch und philosophische Propädeutik unterrichtete, acht Jahre lang. Schüler sprachen von ‚tiefem Ernst', ‚sachlicher Gravität' und daß er die ‚lästerliche Unsitte des Rauchens' verfolgte.

Nach der Hochzeit mit Marie von Tucher, die ihm einen späteren Geschichtsprofessor und einen späteren Konsistorialpräsidenten schenkte, schrieb er sein abstraktestes Werk, die „Logik" voller Gedanken Gottvaters vor seiner Zeugung der Welt. Das Physische und das Metaphysische machten Hochzeit wie Hegel selbst: „Was am Lebendigen als solchem die Gattung ist, das ist am Geistigen die Vernünftigkeit." „Das Allgemeine ist daher die freie Macht; es ist es selbst und greift über ein Anderes über; aber nicht als ein Gewaltsames, sondern das vielmehr in demselben ruhig und bei sich ist. Wie es die freie Macht genannt worden, so könnte es auch die freie Liebe und schrankenlose Seligkeit genannt werden, denn es ist ein Verhalten seiner zu dem Unterschiedenen nur als zu sich selbst; in demselben ist es zu sich selbst zurückgekehrt."

Die zwei Hälften des sokratischen Mythos wurden ein Fleisch: „Das Ganze ist das Wahre." „Das Wahre ist so der bacchantische Taumel, an dem kein Glied nicht trunken ist", schrieb schon der 36jährige in der ‚Phänomenologie', deren Manuskript er gerade noch vor den plündernden Soldaten Napoleons retten konnte. Hier unterschied er auch zwischen dem ‚unterirdischen Reich' der Frau und dem ‚öffentlichen Gemeinwesen' des Mannes, zwischen einer weiblichen Parteinahme fürs Göttliche und einer männlichen fürs

Allgemeinmenschliche. Aus seiner ‚Antigone'-Deutung wird das Gewicht deutlich, das er dem Verhältnis von Bruder und Schwester beimaß.

Schon der 27jährige hatte, angeregt von Hölderlins Rückgriff auf Platons ‚Timaios', den obersten Grundsatz der Dialektik formuliert, „das Leben sei die Verbindung der Verbindung und der Nichtverbindung." Und „nur in der Liebe allein ist man eins mit dem Objekt, es beherrscht nicht und wird nicht beherrscht" wie in Theorie oder in Praxis. Schelling übernahm vom Kommilitonen Hölderlin die Naturerfahrung in seinen Fichteanismus, Hegel übernahm vom selben Hölderlin den Rückgriff auf den platonischen Eros, den er zum ‚System der Liebe' machte, die Urform seiner Dialektik: Metaphysische Gattungsbegriffe reflektieren physische Begattung, die Allgemeingültigkeit von Begriffen spiegelt nur die soziale Allgemeinheit der Familie. Die dialektische Urtrias von Thesis, Antithesis und Synthesis war für Hegel: Vater, Mutter und Kind. So ist die ‚Zukunft' bei ihm gleichzeitig das Immergleiche und ein neuer Erdenbürger.

„Das wahrhafte Wesen der Liebe besteht darin, das Bewußtsein seiner selbst aufzugeben, sich in einem anderen Selbst zu vergessen, doch in diesem Vergehen und Vergessen sich erst selbst zu haben und zu besitzen."

„Der Geliebte ist uns nicht entgegengesetzt, er ist eins mit unserem Wesen; wir sehen nur uns in ihm — und dann ist er doch wieder nicht wir — ein Wunder, das wir nicht zu fassen vermögen." Dieses Wunder brachte Hegel zu jenem Erstaunen, mit dem nach Aristoteles alles Philosophieren anhebt.

Was er erst ‚Leben' der Gattung nannte, dann ‚Liebe' der Gatten und später ‚Geist', hat Marx nicht verstanden, als er Hegel vom Kopf auf die Füße stellen zu müssen glaubte. Hegel entdeckte den Geist der Gattung im gesellschaftlichen Leben arbeiten wie auch sein erbitterter Gegner Schopenhauer. „Der Mann ist also durch diesen Unterschied das Tätige; das Weib aber ist das Empfangende, weil sie in ihrer unentwickelten Einheit bleibt." „Der Unterschied zwischen Mann und Frau ist der des Tieres und der Pflanze."

* * *

Der Mensch ißt, was er ist

„Zum Professor der Philosophie qualifiziere ich mich nicht, eben weil ich Philosoph bin." Nach dem Scheitern seiner Universitätslaufbahn wurde er Gymnasiallehrer, Hofmeister, Bibliothekar, Redakteur und freier Schriftsteller, aber vergeblich. Der ewige Pechvogel, Sohn des berühmten Rechtslehrers Anselm Ritter von Feuerbach, lebte „wie einer, der am Galgen hängt".

Der entlaufene Privatdozent verliebte sich aber rechtzeitig in eine Porzellanfabrikantentochter und konnte endlich, „gereinigt von dem Unrate des Garçonlebens, in das gesunde Badewasser des heiligen Ehestandes steigen." Die Gattin Berta Löw war reiche Schloßbesitzerin, im Turm schrieb der Gatte über „Das Wesen des Christentums". Er kritisierte die christliche Sohnesreligion nicht von der jüdischen Vaterreligion her, sondern beides von Mutter Natur aus: Wir sind in der ‚Aufklärung'. *Ludwig Feuerbach* ergänzte die Ich-Philosophie F-ich-tes durch ein Nicht-Ich, das zum Du wird. Die Metaphysik wird physisch: „Zum Denken gehören ursprünglich Zwei. Denken ist ein geistiger Begattungsakt." „Das Familienband ist stärker als das Band, welches den Menschen an seine Existenz knüpft."

Nach dem Bankrott des reichen Schwiegervaters mußte Feuerbach in eine kleine Wohnung zurück. Die „akustische Kloake" machte ihn arbeitsunfähig und lethargisch, „als sei er nichts und habe nichts geleistet". Er möchte lieber Holzhacker sein als Philosoph und wünschte sich „in die Ewigkeit des Todes". Vorlesungen im Rathaus vor Akademikern und Arbeitern konnten seine Depressionen nicht mindern trotz großer Erfolge. Nach mehreren Schlaganfällen und Zeiten dumpfen Vegetierens starb er mit 68 Jahren fast vergessen.

„Die Sinnlichkeit ist das Wesen des Menschen." — „Ich habe die traurigsten Zustände durchlebt, die nur immer der Mensch erleben kann".

* * *

Produktions- oder Reproduktionsverhältnisse mit der Mater-ie?
Kurz vor Karls Geburt konvertierte der ‚desequilibrierte Assoziationsjude' Heinrich Marx zum preußischen Protestanten, um als Advokat Erfolg zu haben im katholischen Trier. Frau Henriette folgte nur widerstrebend. Karl wurde als Sechsjähriger getauft; er trat nie aus der Kirche aus. Den Verrat an ihrer Religion wird er seinen Eltern als Opportunismus verargt haben: Der Mammon schien mächtiger als dieser Gott, dem *Karl Marx* als männliche Erstgeburt der Familie geweiht war.

Seine Mutter, die länger am mosaischen Glauben festgehalten hatte, eine brave, ungebildete Hausfrau, haßte er. Seinen sentimental unsicheren Vater, einen Anhänger der Aufklärung, verachtete er.

Nach dem Tode des Vaters 1838 warf „der liebe Carl" seiner Mutter vor allem Geiz vor, sie rückte nicht genug Erbkapital heraus: „Nichts als ‚zärtliche Redensarten', but no cash."

„Der israelitische Glaube war mir immer widerlich" (1843). Im Judentum griff Marx den Kapitalismus an und im Kapitalismus das Judentum. Daß es jüdische Proletarier und Sozialisten gab, nahm er nie zur Kenntnis; Sozialismus war Antijudaismus für ihn. Um „Das Kapital" zu schreiben, ruinierte Marx skrupellos sein ererbtes Kapital, das seiner Frau, das seines Freundes Engels und — seine Familie.

Er weigerte sich, seine Familie zu ernähren (die er durch Freund Engels erhalten ließ) und seine göttliche Berufung einem bürgerlichen Brotberuf zu opfern.

„Es gibt keine größere Eselei für Leute von allgemeinen Bestrebungen, als überhaupt zu heiraten und sich so zu verraten an die petites misères de la vie domestique et privée ... Beatus ille, der keine Familie hat."

Doch er war stolz gewesen, das „schönste Mädchen von Trier" heimführen zu können, die „Ballkönigin" Jenny von Westphalen. „Aber die Liebe nicht zum Feuerbachschen Menschen, nicht zum Moleschottschen Stoffwechsel, nicht zum Proletariat, sondern die Liebe zum Liebchen und namentlich zu dir, macht den Mann wieder zum Mann", schrieb er ihr und liebte sie umso mehr, je ferner sie ihm gerade räumlich war. Dieser Kindernarr verhinderte nicht, daß seine Töchter im Leben grausam scheiterten.

Über die Russen, die später in seinem Namen eine ‚große Revolution' machten, schrieb der große Pornograph an Engels: „Die Russen sind aber auch hierin plus forts. Es ist konstatiert, daß ein kerngesunder Kerl, der nur 24 Stunden in einem russischen Nonnenkloster, tot herauskam. Die Nonnen hatten ihn zu Tod geritten." — Proletarier aller Länder, vereinigt euch?

Mit Engelszungen sollten die Erniedrigten und Beleidigten der Welt verführt werden, sich wie Marx für Königskinder zu halten, die ihr göttliches Erstgeburtsrecht für ein Linsengericht aus Kapitalistenhand verkauft hatten. Eine Fabrik von innen hat Marx nie gesehen.

Er war der richtigen Meinung, daß die Proletarier selbst sich zu befreien hätten. Nur die Theorie dieser Befreiung sollte von ihm stammen, dem Bürger. Wilhelm Weitling, den einzigen proletarischen Theoretiker der proletarischen Revolution, drängte er aus dem ‚Bund der Kommunisten' machtbewußt heraus als religiösen Utopisten.

Seine Frau und Fabrikant Engels ließen ihn typisch Deutscher bleiben.

* * *

Annenkows Bericht über die Begegnung Marx — Weitling:
„Sagen Sie uns doch, Weitling, Sie, der Sie mit Ihrer kommunistischen Propaganda in Deutschland soviel Lärm gemacht und der Sie so viele Arbeiter gewonnen haben, die dadurch Arbeit und Brot verloren, mit welchen Argumenten rechtfertigen Sie Ihre revolutionäre Tätigkeit, und worauf denken Sie dieselbe in Zukunft zu gründen?"

Weitling … begann … auseinanderzusetzen, daß es nicht seine Aufgabe sei, neue ökonomische Theorien zu schaffen, sondern diejenigen anzunehmen, die geeignet seien, den Arbeitern die Augen zu öffnen über ihre entsetzliche Lage und … die sie lehre, keinen Versprechungen … mehr Glauben zu schenken und ihre Hoffnung nur auf sich selbst zu setzen, auf die Errichtung der demokratisch-kommunistischen Gesellschaft.

Er sprach viel, aber … unklar und verworren … Er würde vermutlich noch länger gesprochen haben, wenn nicht Marx mit zornig zusammengezogenen Brauen ihn unterbrochen ... hätte. Das Wesentliche seiner sarkastischen Antwort war, daß es einfach ein Betrug sei, das Volk aufzuwiegeln, ohne ihm irgendwelche festen durchdachten Grundlagen für seine Tätigkeit zu geben. Die Erweckung phantastischer Hoffnungen ... führe niemals zur Rettung der Leidenden, sondern muß zu ihrem Untergang führen. ... sich an die Arbeiter zu wenden ohne streng wissenschaftliche Ideen und konkrete Lehren, sei gleichbedeutend mit einem leeren, gewissenlosen Spiel mit der Propaganda ... Die bleichen Wangen Weitlings färbten sich ... Mit vor Erregung zitternder Stimme begann er zu beweisen, daß ein Mensch, der Hunderte von Menschen im Namen der Idee der Gerechtigkeit, Solidarität und brüderlichen Liebe um sich geschart habe, nicht ein inhaltsloser, müßiger Mensch genannt werden könne, daß ... vielleicht seine bescheidene Vorbereitungsarbeit für die gemeinsame Sache von größerer Wichtigkeit sei als die Kritik und die Kabinettsanalysen, die weit entfernt von der leidenden Welt ... entwickelt werden.

Die letzten Worte brachten Marx endgültig in Wut, er schlug in voller Wut mit der Faust auf den Tisch, daß die Lampe darauf erzitterte, und aufspringend rief er: „Niemals noch hat die Unwissenheit jemandem genützt."

„Wir folgten seinem Beispiel und erhoben uns gleichfalls. Die Unterredung war zu Ende, und während Marx in ungewöhnlich zorniger Erregung im Zimmer auf und niederschritt, verabschiedete ich mich schnell von ihm."

„Er ist in Verzweiflung ... Ihr habt ihn ganz toll gemacht ... es ist zum Kotzen." (Moses Heß an Marx, Brief vom 20.5.1846).

„Der ‚Handwerkerkommunismus', ‚der philosophische Kommunismus' müssen bekämpft werden, das Gefühl muß verhöhnt werden ..." (Weitling an Heß, Brief vom 31.3.1846).

Marx vorher über „Weitlings geniale Schriften":

„Vergleicht man die nüchterne, kleinlaute Mittelmäßigkeit der deutschen politischen Literatur mit diesem maßlosen und brillanten literarischen Debut der deutschen Arbeiter; vergleicht man diese riesenhaften Kinderschuhe des Proletariats mit der Zwerghaftigkeit der ausgetretenen politischen Schuhe der deutschen Bourgeoisie, so muß man dem deutschen Aschenbrödel eine Athletengestalt prophezeien" (10.8.1844).

* * *

Tagebuch des Verführers: Gottlob entlobt!

Der Däne *Sören Kierkegaard* verliebte sich 24jährig auf den ersten Blick in die 15jährige Kopenhagenerin Regine Olsen und verlobte sich drei Jahre später mit ihr nur, um die Verlobung kurz darauf wieder zu lösen, weil er dem jungen Mädchen keinen Melancholiker zumuten zu dürfen glaubte. Um ihr die Trennung von ihm zu erleichtern, behandelte er sie vorsätzlich übel, hoffte aber in Tagebüchern zeitlebens auf eine Wiedervereinigung mit ihr, als sie längst einen anderen Mann geheiratet hatte. Zeitungskarikaturen verhöhnten ihn mit Regine Olsen auf dem Buckel. Kierkegaard war stets depressiv identifiziert mit seinem schwermütigen Vater, der seine wirtschaftlichen Erfolge als himmlische Strafe dafür annahm, daß er in seiner Jugend als jütländischer Hütejunge einmal Gott verflucht und später seine Haushälterin vergewaltigt hatte, die dann geheiratete Mutter Kierkegaards (die dieser nie erwähnte). Seinen Buckel sah K. als Zeichen eines auf ihm lastenden Familienfluches und traute sich nicht, eine eigene Familie zu gründen. Ein öffentliches Haus besuchte er einmal unverrichteter Dinge, die Damen hatten ihn nur ausgelacht: Er hörte ‚höllisches Gelächter'. „Ich bin ein Mensch, der von Kind auf in die elendste Schwermut gefallen ist. Das ganze Dasein ängstigt mich, von der kleinsten Mücke bis zu den Geheimnissen der Inkarnation; es ist mir alles unerklärlich, am meisten ich selbst." — „Ich komme jetzt eben aus einer Gesellschaft, wo ich die Seele war, die Witze strömten aus meinem Munde, alle lachten, bewunderten mich — aber ich, ja, der Gedankenstrich müßte genau so lang sein wie die Radien der Erde — ging fort und wollte mich erschießen." — „... alles sah aus wie Stolz und Eitelkeit, war es aber nicht. Ich hatte meinen Pfahl im Fleisch; darum verheiratete ich mich nicht und konnte in kein Amt eintreten. Statt dessen wurde ich die Ausnahme."

Gegen Hegel war er, weil er mehr und anderes wollte als die

Sören Kierkegaard
reitet sein Mädchen („Corsar“)

„Die ganze Welt dreht sich um Kierkegaard" („Corsar")

übl(ich)e Vernunft der Allgemeinheit. Dieser Verächter der Hegelschen Weltvernunft rationalisierte aber nur seine Angst vor der Frau: Angeblich freite er nicht, um frei zu sein für seinen Kampf gegen Mutter Kirche. Aus seiner neurotischen Not machte er die christliche Tugend, ‚existenziell' ganz auf sich allein gestellt den von seinem Vater verfluchten Vatergott gegen Bischof Mynster und die ganze Staatskirche seiner Zeit zu verteidigen. So gab er seiner Neurose einen Sinn: „Es ist doch gut, daß ich so schwermütig war." Wollte er für seinen Vater büßen?

Verwachsen wie Kant, blieb er wie Kant zeitlebens ein unberührter Jüngling, während die buckligen Aufklärer Mendelssohn und Lichtenberg glücklich und kinderreich verheiratet waren.

Als das väterliche Erbe gerade aufgebraucht war, fiel Kierkegaard mit 42 Jahren auf offener Straße tot um. Als Urchrist hatte er nie Zinsen genommen. Er hatte seine ‚drei Stadien' durchlaufen, vom extravaganten Dandy und séducteur jusqu'au bord du lit über den Moralisten bis zum „Spion im Dienste des Höchsten": „Ich habe auszuspionieren, wie sich mit dem Erkennen das ‚Existieren' und mit dem Christentum die ‚Christenheit' reime." — „Glauben bedeutet, den Verstand verlieren, um Gott zu gewinnen."

* * *

„Der Paranoiker als Buddhist" (Canetti)

Der Misanthrop *Arthur Schopenhauer* glaubte, seinen Willen vom Vater, einem Frankfurter Kaufmann, geerbt zu haben und das Wissen von seiner Mutter, einer Romanschriftstellerin, die sich mit dem Jugendlichen überwarf aus Mißmut über seinen ewigen metaphysischen Mißmut. Schopenhauer konnte wie Kierkegaard dank väterlichem Erbe als reicher Privatier seinen philosophischen Neigungen leben. Sein einziger Hausgenosse war ein Pudel, den er jeder menschlichen Gesellschaft vorzog. In seinem Schlafzimmer hielt dieser buddhistische Paranoiker stets eine Waffe bereit und versteckte seine ererbten Besitztümer in den abgelegensten Winkeln der Wohnung. Als Nebenbuhler um die Gunst der Gebildeten haßte er außer Hegel vor allem die Juden, die er verachtete wie die Frauen. „Das niedrig gewachsene, schmalschultrige, breithüftige und kurzbeinige Geschlecht das schöne nennen, konnte nur der vom Geschlechtstrieb umnebelte männliche Intellekt. Weder für Musik, noch Poesie, noch bildende Künste haben sie wirklich und wahrhaftig Sinn und Empfänglichkeit, sondern bloße Äfferei, aus Behuf ihrer Gefallsucht, ist es, wenn sie solche affektieren und vorgeben." Schopenhauer sah „an Verrücktheit grenzenden Hang zur Verschwendung" „instinktartige Verschlagenheit", „untilgbaren Hang zum Lügen". Das Weib sei ein „subordiniertes Wesen", „eine Art Mittelstufe zwischen dem Kinde und dem Manne, als welcher der eigentliche Mensch ist." Bitter beklagte der mitleidlose Philosoph des Mitleids die lebenslange Rente, die er einer Näherin zahlen mußte, nachdem er sie aus Jähzorn über ihr Geschwätz die Treppe hinuntergeworfen hatte. Seine aggressive Melancholie verwechselte das Wesen des Bürgertums mit dem Wesen der Welt. Der begüterte Verneiner des Lebenswillens wurde 72 Jahre alt. Den zu verneinenden Weltwillen, der nur Leiden bringe, sah er im Geschlechtstrieb. Deshalb empfahl er nicht Selbstmord, sondern Kinderlosigkeit. Er war lebenslang syphilitischer Bordellbesucher.

„Dies alles aber stimmt damit überein, daß der Geschlechtstrieb der Kern des Willens zum Leben, mithin die Konzentration alles Wollens ist; daher eben ich im Texte die Genitalien den Brennpunkt des Willens genannt habe. Ja, man kann sagen, der Mensch sei konkreter Geschlechtstrieb; da seine Entstehung ein Kopulationsakt und der Wunsch seiner Wünsche ein Kopulationsakt ist, und der Trieb allein seine ganze Erscheinung perpetuiert und zusammenhält ..."

„Alles ist nur Erscheinung (Objektivation) des Willens zum Leben; und die Konzentration, der Brennpunkt dieses Willens, ist der Generationsakt. In diesem Akt also spricht das innere Wesen der Welt sich am deutlichsten aus. Es ist, in dieser Hinsicht, sogar beachtenswert, daß er selbst schlechthin ‚der Wille' genannt wird, in der sehr bezeichnenden Redensart: ‚er verlangte von ihr, sie sollte ihm zu Willen sein'. Als der deutlichste Ausdruck des Willens also ist jener Akt der Kern, das Kompendium, die Quintessenz der Welt. Daher geht uns durch ihn ein Licht auf über ihr Wesen und Treiben: er

Arthur Schopenhauer (gezeichnet von Wilhelm Busch)

ist das Wort zum Rätsel. Demnach ist er verstanden unter dem ‚Baum der Erkenntnis' ..."

„Die Gattung ist die in die Zeit auseinandergezogene Idee Platos..."

Ohne Urvertrauen: Eigentlich hatte er immer nur seine Mutter ganz für sich gewollt, der „Philosoph der Pubertät".

„Das fortwährende Daseyn des Menschengeschlechts ist bloß ein Beweis der Geilheit desselben."

Er wollte nicht durch eine Ehe „seine Rechte halbieren und seine Pflichten verdoppeln". Seine Mutter Johanna hatte ihren zwanzig Jahre älteren Mann wegen seines Vermögens geheiratet, wegen der Potenz seines Kapitals. Sie hielt ihn und ihren Sohn auf freundlich kühle Distanz; der Junge war ihr „meine neue Puppe". Der Sohn liebte den Vater, den er selten sah; die flatterhafte Mutter, die immer um ihn war, blieb ihm fremd. Als er 5 Jahre alt war, floh die Familie vor den Preußen aus Danzig, wo er auf Landgütern zwischen Lämmern und spanischen Hündchen aufwuchs, nach Hamburg. Eines Abends erwachte der Sechsjährige aus einem Alptraum mit der fixen Idee, seine Eltern würden von einem Spaziergang nie mehr nach Hause zurückkehren. Das Dienstmädchen konnte das in Panik geratene Kind nicht beruhigen. Diese ängstliche Verzweiflung verließ ihn nie mehr, durch sie sah er der Welt auf den Abgrund. Aber das vernachlässigte Kind war ein geselliger Spielgefährte. Auf Speichern machte er säbelbewaffnet mit Freunden Jagd auf Ratten. Der Vater wollte aus ihm einen „Mann von Welt und feinen Sitten" machen, der sein Handelskontor weiterführen sollte, und schickte ihn auf Reisen. Der 17jährige kehrte zurück mit dem Fazit, „daß diese Welt kein Werk eines allgütigen Wesens sein könnte, wohl aber das Werk eines Teufels, der Geschöpfe ins Dasein gerufen, um sich am Anblick ihrer Qual zu weiden." Im selben Jahr stürzte sich der Vater aus einer Speicherluke; der halbtaube Eifersüchtige konnte den Lebenshunger seiner Frau nicht mehr befriedigen. „Meine Frau Mutter gab Gesellschaften, während er in Einsamkeit verging, und amüsierte sich, während er bittere Qualen litt. Das ist Weiberliebe."

Der Gymnasiast verliebte sich ebenso heftig wie erfolglos in die Theaterdiva Caroline Jagemann: „Dieses Weib würde ich heimführen, und wenn ich sie steineklopfend an der Landstraße fände." Mit der Mutter brach er endgültig nach einem Streit wegen ihres Hausfreunds und nach ihren spöttischen Bemerkungen über seine Habilitationsschrift. Nach Affairen mit Damen von Stand auf italienischen Reisen machte er „Prinzeßchen" Caroline Richter zu seiner Geliebten, eine 19jährige Berliner Opernchoristin, die ihm einen Knaben schenkte. Schopenhauer bestritt die Vaterschaft, obwohl ihn nicht störte, daß „Medon" mehrere Liebhaber und uneheliche Kinder hatte.

Als Universalerben setzte er die Soldaten ein, die bei der Niederschlagung der Revolution von 1848 zu Invaliden geworden waren: „Alles Eigentum, ja der ganze gesetzliche Zustand ist bedroht."

„Man muß vom Foetor Judaicus völlig cloroformirt sein, um nicht einzusehen, daß das Thier im Wesentlichen das Selbe sei wie der Mensch."

In Liebenden sah er schon das Kind, sie waren ihm „Verräter, welche heimlich danach trachten, die ganze Not und Plackerei zu perpetuieren, die sonst ein baldiges Ende nehmen würde."

„O Wollust, o Hölle".

In unserer Zeit waren noch Adorno und Horkheimer von diesem Antisemiten tief beeindruckt.

„So erhebt sich das System Schopenhauers wie ein schönes, mit allem Komfort ausgestattetes Hotel am Rande des Abgrunds, des Nichts, der Sinnlosigkeit", sagte Marxist Georg Lukacs, der auch Horkheimer und Adorno im „Grandhotel Abgrund" sitzen sah. Schopenhauer forderte „Euthanasie der Religion". Jaspers sah bei ihm: „Untätiges Besserwissen".

* * *

Die Peitsche der Übermännlichkeit

„Im achtbarsten Sinne des Wortes Ehe handelt es sich um die gesellschaftliche Erlaubnis, die zwei Personen zur Geschlechtsbefriedigung aneinander erteilt wird ..."

„Der kleine Pastor" und Musterschüler aus Sachsen, *Friedrich*

Nietzsche, Sohn eines protestantischen Pfarrers wie Lichtenberg und Schelling, attackierte den Vater in Gott und Gott im Vater. Er suchte ein Leben im Einklang mit der großen Mutter Natur und ihren grausamen Gesetzen, dem ewigen Stirb und Werde ihrer Geschöpfe, der ewigen Wiederkehr des Gleichen. ‚Amor Fati' lehrte er statt Amor Vati: „Das Glück meines Daseins, seine Einzigkeit vielleicht, liegt in seinem Verhängnis: ich bin, um es in Rätselform auszudrücken, als mein Vater bereits gestorben, als meine Mutter lebe ich noch und werde alt ... Mein Vater starb mit 36 Jahren: er war zart, liebenswürdig und morbid, wie ein nur zum Vorübergehn bestimmtes Wesen — eher eine gütige Erinnerung an das Leben, als das Leben selbst. Im gleichen Jahre, wo sein Leben abwärtsging, ging auch das meine abwärts: im 36. Lebensjahr kam ich auf den niedrigsten Punkt meiner Vitalität" (‚Ecce Homo') und ließ sich als ewig Kränkelnder mit einer kleinen Rente bis zum Lebensende beurlauben, nachdem er schon mit 25 Jahren genialischer Philologieprofessor in Basel geworden war. Worüber er sich den Kopf zerbrach, machte ihm lebenslang unerträgliche Kopfschmerzen. Von dem übermächtigen Einfluß der Mutter und Schwester (‚Lama') kam er nie frei und freite keine Frau. (Der extrem Kurzsichtige und Schüchterne suchte sich seinen Nebenbuhler als Brautwerber aus um die Hand von Lou-André Salomé, Freundin Rilkes und Freuds.) Als Richard Wagner ihn vor exzessiver Onanie warnte, ging Nietzsche über zur Carmen-Musik Bizets. Er sah die Abhängigkeit aller Kopfgeburten von Klima, Ernährung und Geschlechtlichkeit. Als er fern von zuhause im geliebten Italien fast so etwas wie eine freie proletarische Existenz führte, brach er zusammen. Er umarmte keine Geliebte, sondern im Alter von 44 Jahren auf offener Straße einen mißhandelten Droschkengaul. Mutter und Schwester hatten dann noch zwölf Jahre Zeit, ihr Heim für den armen Bruder und ewigen vaterlosen Sohn zu einer privaten Irrenanstalt zu machen. Er kehrte zu den Frauen nicht nur zurück, weil er verrückt wurde, sondern war auch so verrückt, zu ihnen zurückzukehren, statt nach einer eigenen Frau verrückt zu sein. („Du gehst zu Frauen? Vergiß die Peitsche nicht.") Daheim im Schoß der Familie siechte er dahin an ‚progressiver Paralyse', einer Folge der Syphilis, die der Bordellbesucher sich vielleicht in der Jugend geholt hatte.

Nazi-Idol Nietzsche, Feldartillerist 1868

Philosoph Nietzsche

„Er ist ein vollsaftiger, gedrungener Mensch mit einem auffallend stieren Blick" und hatte zeitlebens Angst, gehirnkrank zu werden wie sein Vater, den er im Alter von 5 Jahren verlor, ein bescheiden ernster Dorfpastor, der eine fromme Landpfarrerstochter heiratete und wenige Jahre später an Gehirntumor starb.

„Das Glück des Mannes heißt: ich will. Das Glück des Weibes heißt: er will." Dieses Weib sollte nichts als die Erholung von Kriegern sein, und Nietzsche war alles andere als ein Kriegsheld. Seine Größenphantasien vom vornehmen Machtwillen aristokratisch zu züchtender Übermenschen kompensierten seine Schüchternheit. Angst vor der Allmacht von Müttern über ihre Kinder lebte in seiner Angst vor Frauen immer wieder auf. Philosophisch identifizierte er sich mit dieser Mutter Natur, die ihre Kinder gebiert und verschlingt, bevor sie selbst Eltern werden könnten.

„Der Rest für Frau Cosima (Wagner) ... Ariadne."

* * *

„Sankt Max": Eigenliebe als einziges Eigentum

„Meine Sache ist weder das Göttliche noch das Menschliche, sondern das Meinige." Er hatte nicht sein Sach auf n-ich-ts gestellt, sondern allein auf s-ich. Der Außenseiter Johann Kaspar Schmidt erhielt als Student wegen seiner auffällig hohen Stirn den Namen Stirner. War sein Hauptwerk „Der Einzige und sein Eigentum" (1845) das Werk eines anarchistischen Individualisten oder eines wildgewordenen Kleinbürgers, wie Marx in der ‚Deutschen Ideologie' höhnte? Eduard von Hartmann, der ‚Philosoph des Unbewußten', meinte, daß *Max Stirner* sogar Nietzsche „an philosophischem Gehalt ... turmhoch überragt." Seine fixe Idee dachte er mit irrsinniger Konsequenz zu Ende. Ich, ich, ich. Und der andere? „Unzähliges kann Ich mir zur Erhöhung seiner Lust versagen ... mein Leben, meine Wohlfahrt, meine Freiheit ... Aber Mich, *Mich selbst* opfere ich ihm nicht, sondern bleibe Egoist und — genieße ihn."

„Wenn Ich ihn (den Geist) zu einem Spuk und seine Gewalt über Mich zu einem Sparren herabgesetzt habe, dann ist er entweiht, entheiligt, entgöttert ... und dann gebrauche Ich ihn, wie man die *Natur* unbedenklich nach Gefallen gebraucht."

„Ihre Geistlosigkeit entfernt die Juden auf immer von den Christen." Was zu beweisen war. (Wenn meine Einzigkeit dann mein einziges Eigentum geworden ist, endet der Größenwahn des Ohnmächtigen bei der „jemeinigen Eigentlichkeit" der Existenzphilosophen.)

* * *

Faschistische Bewegung gegen bürgerliche Leichenstarre?
Der eine Kleinbürger ging mit dem Ego gegens Alter Ego vor, der andere mit der Intuition gegen den Intellekt, mit der „Lebenskraft" gegen die jüdische Geisteskraft und mit der künstlerischen Kreativität gegen die industrielle Produktivität. Der Nobelpreisträger *Henri Bergson* (1849-1941) war der irrationalistische Philosoph der schöpferischen Dauer-Ekstase, die sich permanent losreiße von jeder Verdinglichung: Es genügt nicht, daß der Potentat steif und fest wird, wenn der „Elan vital" ihn dann nicht in glühende Bewegung setzt. Der spießige Selbsterhaltungstrieb des Verstandes wird bei Bergson ständig überrannt von der „Fernwitterung der Sympathie". Dieser philosophische Eros hat selbst etwas an sich von der kapitalistischen Innovationsmobilität, die er bekämpfen will, und der faschistische Aktionismus der Lebensphilosophen ließ sich von diesem Nietzsche-Epigonen faszinieren.

– DAS 20. JAHRHUNDERT –

Der orthodoxe Ketzer
Ewige Wahrheiten konnte er formulieren, als hätte keiner sie je gehört, und Originellstes klang bei ihm, als wäre es fast so alt wie die Welt. Alle bisher aufgeführten Philosophen waren anerkannte Größen vom Fach, obwohl etwas anders gesehen als in Philosophiegeschichten. Der Erfinder der Krimis um Pater Brown umgekehrt

wird hier behandelt wie die übrigen Denker, obwohl er in keiner Philosophiegeschichte auftaucht. Der Denker Ernst Bloch nannte ihn „einen der vielleicht gescheitesten Menschen, die je gelebt haben", und der Dichter Robert Musil hielt den Autor von „What's wrong with the world?" (1910) für einen Mann mit besten Eigenschaften. Wenn der anglophile Lichtenberg in eine Philosophiegeschichte gehört, dann erst recht Gilbert Keith *Chesterton* (1874-1936), „der witzigste europäische Schriftsteller seit Swift", der trink- und lebensfrohe „Raufbold Gottes" (Franz Blei) und Ehemann einer der damals schönsten Frauen Englands. Der Sohn eines vermögenden Londoner Kaufmanns entdeckte in den Arbeitern seines Vaters die einzigen Menschen, die diesen Namen verdienen, und verteidigte sie mit seinem ‚Distributionismus' gegen ihre sozialistischen Verteidiger G. Bernard Shaw und H.G. Wells. Er verteidigte das ‚gemeine Gottesvolk' gegen die ‚sozialistische Aristokratie' und den katholischen Universalismus und Individualismus gegen die feudalen Eliten des zivilisatorischen Spezialistentums. — Um 1900 herum fing der ehemalige Kunstschüler an mit einer „Verteidigung" von Kriminalromanen und Schundromanen, von Volkssprache und Possen, Gelübden und Gerippen, Häßlichkeit und Unsinn, Kitsch und — Kindern. Er war selbst der „Ritter mit dem Goldenen Schlüssel", den er seit seiner Kindheit über die Holzbrücke eines Puppentheaters hatte reiten sehen auf der „Jagd nach dem Drachen" des freudlosen Fatalismus und puritanischen Materialismus. Seine Feder blieb dieser goldene Schlüssel zu den Schatzkammern von Frau Welt und Mutter Erde. — Er bewies, was Nietzsche von Kant zu Unrecht schrieb, daß das gemeine Volk immer Recht hatte gegen seine Intellektuellen, bewies es aber auf eine Weise, die nur von Intellektuellen verstanden wird. Er nahm die Partei der Volksherrschaft gegen die Herrschaft der Völkischen und das Volk in Schutz gegen sich selbst, also gegen das, wozu es sich selbst machen muß, um zu überleben. Chesterton, der zusammen mit seinem Freund Hilaire Belloc den „Chesterbelloc" bildete, hielt nicht erst den Manchesterkapitalismus für undemokratisch, sondern schon den Industrialismus selbst, vor allem in seiner sozialistischen Abart. Seine „Beef — and — Beer — Philosophy" war nicht die „Ordinary Language Philosophy" à la

Wittgenstein (die selbst nur eine Kunstsprache über Umgangssprachen ist). „The Everlasting Man" (1929) war ihm „The Common Man", dessen Seelenheil (und Leibeswohl) er gegen psychische Wunderheiler kampflustig immunisieren wollte. – Er philosophierte nicht über Dialektik, er dachte dialektisch wie wenige. Ungewöhnlichste Dinge widerlegte er auf ordinärste Weise und verteidigte die Wonnen der Gewöhnlichkeit auf ungewöhnlichste Art. Nichts war ihm zu paradox, um Selbstverständlichkeiten zu sagen, und nichts war ihm zu alt, um es als letzten Schrei zu verkaufen.

Wäre ich ein Christ, wäre ich es am liebsten auf seine Weise. Kunstvoll dialektischer ist der Kommunismus des angelsächsischen Common sense nie gepredigt worden, und Chesterton ist eine einzige Erinnerung daran, daß der deutsche ‚Geist' ein englischer ‚wit' ist.

Umgekehrt ist höchste Dialektik nie überzeugender als von diesem einfachen Menschen vorgeführt worden, einem Journalisten der Metaphysik.

Sophisten hielten ihn, der philosophischer dachte als viele Philosophen, für einen ganz abgefeimt frivolen Sophisten.

Ex-PG Heinz Rühmann machte ‚Pater Brown' im Kino ebenso populär wie harmlos. Welcher Verleger macht Chestertons philosophische Essays wieder populär und zugänglich?

* * *

„Das Boudoir in der Philosophie" (Adorno)

Philosophie war ihm ein „Geschenk von Gnaden der Fülle und Einheit der Person, die philosophiert". Folgerichtig nannte er die Philosophie seiner eigenen Person ‚Personalismus'. Das war buchstäblich ‚Philo-Sophie', nämlich Sublimierung seiner Liebe zu seiner Mutter Sophie, einer unsicher herrischen, extravaganten und verschwenderisch eleganten Frau aus wohlhabender jüdischer Familie. Der Vater *Max Schelers*, ein Gutsverwalter des bayerischen Königs, tat alles, was sie wollte. So war der Lutheraner z.B. Jude geworden, um sie überhaupt heiraten zu können. Claire Goll schrieb über ihre Tante, Max Schelers Mutter: „Sie war eine sehr schöne Frau, aber orthodox genug, um einen Rabbiner zum Antisemiten zu machen." Von ihrem verwöhnten „Prinzchen" forderte sie ein ebenso orthodoxes Judentum, damit er einst seinen reichen ledigen Onkel, ihren Bruder Hermann, beerben könnte. Ihre Tochter Hermine, die von ihr ebenso kalt behandelt wie von Vater und Sohn geliebt wurde, nahm sich im Alter von 16 Jahren das Leben. Seine Kindheit wiederholte er in seinen Ehen: Max Scheler war dreimal verheiratet. Gleich nach dem Abitur verliebte sich der Nietzscheaner in eine 7 Jahre ältere Hysterikerin, die sich von einem Morphinisten scheiden ließ. Er wurde unter dem Einfluß seiner katholischen Schwiegermutter katholisch getauft, um die Schwangere heiraten zu können (eine Jüdin, die früher selbst konvertiert war, um ihren Mann heiraten zu können, einen Lutheraner). Sein Judentum verleugnete Scheler zeitlebens als Geist der Berechnung. Seine Frau Amélie hatte Fehlgeburten; ein fast psychopathischer Sohn starb später im KZ Oranienburg („Von mir hatte er Triebhaftigkeit, Willensschwäche, Phantasie — aber ohne Gegengewicht des Geistes und eines warmfühlenden Herzens.").

Schelers Mutter verschwendete das Familienerbe; er selbst hatte zeitlebens Geldsorgen. Geld war ihm Liebesersatz; Schuld und Schulden beschäftigten ihn mehr, als die Inflation verlangte.

Der 34jährige verliebte sich dann in die 17 Jahre jüngere, kindlich spröde Archäologentochter Märit Furtwängler, sein „liebes Märchen". Die neurotische Eifersucht seiner ersten Frau führte zu Gerichtsprozessen, durch die Scheler zeitweilig seine venia legendi verlor. Nach der Hochzeit mit der jungen Märit schrieb der 38jährige „Zur Phänomenologie und Theorie der Sympathiegefühle und von Liebe und Haß". Unter der Kinderlosigkeit seiner Ehe litt er tief und sah sich „bestimmt, als Individuum (isoliert von der Lebenskette) zu leben — ohne Vergangenheit und Wurzel in der Familie , — ohne Zukunft und ohne Frucht." Seine ‚unersättliche Sexualität' (Dupuy) suchte an erwachsenen Frauen vergeblich, was die Mutter dem Kinde versagt hatte, intime und an keine Bedingungen geknüpfte Sicherheit.

Der 40jährige verherrlichte den „Genius des Krieges" und wurde von Stefan Zweig im ‚Sergeanten Grischa' dafür angegriffen. Politisch wollte er den Sieg großdeutscher Mittelmächte, aber schon 20 Jahre vor dem 2. Weltkrieg warnte er vor jedem deutschnationalen Staatssozialismus. Sein „Christlicher Sozialismus als Anti-Kapitalismus“ wandte sich gegen die „alte katholische Schaukelstellung zum kapitalistischen System“, gegen den „kapitalistischen Geist“ Amerikas und gegen den östlichen Bolschewismus wie gegen den ‚Dritten Weg‘. Die „soziale Frage“ sah Scheler gut proletaristisch; schon der 25jährige hatte sich in ‚Arbeit und Ethik‘ gegen den marxistischen Mythos der Arbeit gewandt. Nie schwankte das ‚Chamäleon der Philosophie‘ in diesem Punkt: „Es wäre nach meiner Meinung ein grundfalsches Ziel, ... die Arbeit des Arbeiters zu ‚beseelen‘, zu ‚vergeistigen‘. Die moderne industrielle Arbeit als solche ist nicht zu beseelen und zu vergeistigen ... die moderne arbeitsteilige Fabrikarbeit bietet der Menschenbildung keine Anknüpfungspunkte.“

Bis zum Tode verließ ihn nicht eine ebenso kindliche wie depressiv resignierte Sehnsucht: „Weitaus am tiefsten hat mich ergriffen die kleine Marmorpietà von Michelangelo — Maria auf ihrem Schoß den zu Tode gehetzten Sohn ...“, schrieb der 50jährige an seine Frau und gestand sein „krankhaft automatisch sich einstellendes Wunschbild“: „Ich komme totkrank zu dir und liege noch Wochen im roten Zimmer auf dem Sofa, auf dem wir einst so glücklich waren. Du pflegtest mich, bist gut zu mir und dann darf ich sterben in deinen Armen ... Ich darf dieser Neigung nicht nachgeben.“ Seine „Neigung zum Suizidieren“ rauchte trotz Herzinfarkt weiter bis zu 80 Zigaretten pro Tag. Seine Frau reichte die Scheidung ein, als der 45jährige sich verliebte in die 18 Jahre jüngere Philosophiestudentin Maria Scheu. Mit ihr verband ihn neben der Philosophie „ein weltlicheres Band, ein Verhältnis des Mannes zum Weibe“. Beide entfernten sich gleichzeitig von katholischer Klerikalität: Oberbürgermeister Konrad Adenauer hatte den ‚katholischen Denker‘ vergeblich an die neue Universität Köln geholt. Die dritte Ehe kurz vor seinem Tode machte den Katholiken zum Spinozisten; der Vatergott verband sich mit Mutter Natur, und das Sinnliche war sittlich entschuldigt. Der letzte Scheler wandelte sich vom Theologen des werdenden Gottes zum anthropologischen Metaphysiker der physischen Liebe.

„Mächtig ist ursprünglich das Niedrige, ohnmächtig das Höchste,“ schrieb ‚Mikrotheos, der kleine Gott‘. Scheler zitierte Augustin: Nil cognoscimus quod non diligimus: „Man lernt nichts kennen, als was man liebt“ (Goethe). Er zitierte Leonardo da Vinci: „Jede große Liebe ist die Tochter einer großen Erkenntnis." Bei Plato sah er Liebe erkannt als „Streben von unvollkommener zu vollkommener Erkenntnis." Dieser „geistige Wüstling" (Theodor Lessing) sah den Menschen als „Asketen des Lebens" und als „Neinsagenkönner" in „existenzieller Entbundenheit vom Organischen". Der von Nietzsches Lebenstiger Besessene wollte Steuermann seines Lebens sein. Er lehrte menschliche „Weltoffenheit" statt tierischer Trieb- und Umweltgebundenheit, gebeutelt vom Kampf zwischen „Drang und Geist". Da er nicht so sittlich werden konnte wie Gott, sollte Gott selbst so sinnlich sein wie er:

„Gleichursprünglich aber wurzelt der Mensch auch als Trieb- und Lebewesen ... im gotthaften Drange der ‚Natur' in Gott. Diese Einheit der Verwurzelung aller Menschen, ja alles Lebendigen im gotthaften Drange, erfahren wir in den großen Bewegungen der Sympathie, der Liebe, und allen Formen kosmischer Einsfühlung. Das ist der ‚dionysische' Weg zu Gott". Schelers „liebendes, die Urphänomene und Ideen der Welt aufsuchendes Verhalten" war „dionysische Hingabe in Einsfühlung und Einswerdung mit dem Drange." „Wer den ordo amoris eines Menschen hat, hat den Menschen". „Das, was Metaphysik möglich macht, ist letzten Endes ... die Doppelteilhabe des Menschen an dem zeugenden begrenzten Sein und Wirken des Weltgrundes selbst: Die substanzielle Identität (partielle) des menschlichen Geistes mit dem göttlichen Geist und des menschlichen Trieblebens mit dem göttlichen Drang."

„Im Menschen und am Menschen kann man nicht nur den Menschen, sondern das Weltall selber in allen seinen Seinssphären und Seinsstufen metaphysisch studieren."

Er sprach von der „Zerschneidung unserer Begierdebezogenheit zur Welt" und meinte doch die Zerschneidung der Nabelschnur zur Mutter. „Der Mensch ist, ehe er ein ens cogitans ist oder ein ens volens, ein ens amans." — „Das Wesen der Geisteshaltung, die allem Philosophieren zugrundeliegt, ist: liebesbestimmter Actus der Teilnahme des Kerns einer endlichen Menschenperson am Wesenhaften aller möglichen Dinge", ursprünglich jenes jungen Dinges, das er als erstes mochte, seine schöne Mutter Sophie. Eine unglückliche Liebe.

* * *

Aufstand gegen den „Aufstand der Massen“

Nach dem Zweiten Weltkrieg hielt Dr. Lieschen Müller sich gleich wieder für Elite im Aufstand gegen den „Aufstand der Massen“. Der spanische Kulturphilosoph José Ortega y Gasset (1883-1955), reaktionärer Gegner der Faschisten (das gab es häufiger, als viele meinen), verhalf jedem Spießer zum spießigen Erlebnis, nicht zu den spießigen Massen zu gehören, und wurde dafür besonders im Nachkriegsdeutschland hochgeschätzt. Auch zur ‚Frauenbewegung‘ machte er sich tiefe Gedanken:

„Wer hätte gedacht, daß etwas so unfaßbar Flüchtiges wie die Luftgebilde, die junge Mädchen in keuschen Kammern ersinnen, den Jahrhunderten tiefere Spuren eingraben als der Stahl des Kriegsgottes ... In jeder Generation werden die Jünglinge vorgezogen, die dem Ideal entsprechen, das unter den jungen Frauen der Zeit am meisten verbreitet ist.“

„Das gesellschaftliche Leben ist nichts anderes als eine offene Konkurrenz der Männer, die sich in ihren Fähigkeiten messen, mit dem Ziel, vom Weib prämiiert zu werden ... nach meiner Meinung ist dies die wahre Mission der Frau auf Erden: anspruchsvoll zu sein, immer anspruchsvoller zu werden in bezug auf die Vervollkommnung des Mannes ... so wie der Mann geschaffen ist, tritt er vor das Weib hin und erklärt sich, spricht sein Wort, zeigt seine Kunst und bringt die Blüte seines Könnens der schönen Richterin dar ... Die Frau, welche fordert, welche sich nicht begnügt mit der Männlichkeit, die gerade im Schwange ist, welche neue Tugenden am Manne will, erzeugt mit ihrer Ablehnung der sie umgebenden Alltäglichkeit eine Art Leere auf den Höhen der Gesellschaft ...“

Am Schluß des Essays wiederholte er aber nur Schopenhauers sarkastische Befürchtung, die Frauen zögen eben nicht die Genies ihrer Zeit vor, sondern die Mittelmäßigen, um den platten Gattungsdurchschnitt nicht zu gefährden.

Frauen ziehen den Großen Männern stets den Durchschnitt vor, klagte Schopenhauer, der sich für ein Genie hielt, nur weil er kein homme à femme war.

* * *

Sein und Zeitgeist: „Feldwege" zum Führer

„Wenn Sie meine Grenzen sehen, haben Sie mich verstanden."

Martin Heidegger kam 1889 zur Welt im 4000-Seelen-Dorf Meßkirch (Baden) als erstes von drei Kindern eines schlecht bezahlten Küsters an der katholischen Barockkirche St. Martin. Gelegentlich besserte der Vater sein Gehalt als Küfer auf. Damit der zu den Klassenbesten zählende Volksschüler einmal mehr würde als Meßmer oder Küfer, schickten ihn die Eltern auf die Meßkircher „Bürgerschule". Das Gymnasium konnte er besuchen, weil er sich für ein Stipendium verpflichtete, später Priester zu werden. In Freiburg promovierte er mit einer Arbeit gegen den Psychologismus in der Logik, und die Abneigung dessen, der etwas zu verbergen hat, gegen Psychologie behielt er zeitlebens bei. Nach einem Herzanfall wurde der zierlich Gebaute für wehruntauglich erklärt, was ihn nie an militärischer Diktion hinderte. (Nach dem Zeugnis des Bruders Fritz spielte der junge Martin am liebsten Hauptmann, der seine Kameraden kommandierte.)

Der sechsundzwanzigjährige Privatdozent verliebte sich in eine seiner Zuhörerinnen, die schöne Philosophiestudentin Elfriede Petri, die er nach kurzer Zeit heiratete. Die Ehe dauerte fast 60 Jahre bis zum Tode Heideggers 1976. Resolut schirmte Frau Heidegger die philosophische Arbeit ihres Mannes gegen Alltag und lästige Besucher ab und ernährte ihn mit Magerfleisch, Frischobst und Brunnenwasser. Dem etwa Dreißigjährigen schenkte sie einen späteren Ingenieur und einen späteren Bundeswehroberst. Auf seine Studenten wirkte der etwa 1,60 m große Denker wie ein „Rauschmittel" (Gadamer). Er führte ein monoton (str)enges Leben. Philosophus teutonicus wurde Heidegger erst nach dem schweren Verzicht auf seine jüdische Schülerin Hannah Arendt, die erklärte ‚Passion seines Lebens' und Muse seines Werkes (das die Rückkehr zum Schoß der Mutter Natur in der frühgriechischen Philosophie der ‚Physis' entdeckte). Die Anwälte der harten Gesetze dieser Mutter Erde sah er zehn Monate lang in den Nazis: „Der Führer selbst und allein ist die heutige und künftige Wirklichkeit und ihr Gesetz." Der Schüler des Juden Husserl sagte 1933 zu Jaspers, der mit einer jüdischen Frau verheiratet war: „Aber es gibt doch eine gefährliche internationale Verbindung der Juden".

Der antiliberalistische „Professor für Angst und Sorge", der den kleinen Unterschied zwischen Mann und Frau als ‚ontologische Differenz zwischen Seyn und Seiendem' in die Philosophie einführte, starb im Alter von 86 Jahren an Herzversagen, ohne seine geliebte provinzielle Heimat je verlassen zu haben, ein Umwelt*vor*schützer der ersten Stunde.

Noch 1956, vom jungen Habermas derzeit vehement gerügt, hatte der mit Hölderlin Irregegangene schwadroniert von der „Größe und Herrlichkeit des Aufbruchs" von 1933. Das ‚Nichts' verkaufte er als das ‚Seyn selbst', philosophische Perversion als große ‚Kehre' zur ‚Physis', und pure Regression deutschte er ein zum „Rückstieg" der Menschenkinder in den Mutterschoß deutscher Erde vor dem phallisch drohenden „Ge-stell" moderner Urbanität. Das Licht der Vernunft ging aus auf einer Schwarzwald-„Lichtung des Seyns".

Nach Ernst Jünger habe Heidegger sich für seinen ‚Irrtum' nicht entschuldigt, weil er erwartete, daß Hitler wiederaufstünde, um sich bei Heidegger zu entschuldigen. Und 1949 schrieb Heidegger: „Ackerbau ist jetzt motorisierte Ernährungsindustrie, im Wesen das Selbe wie die Fabrikation von Leichen in Gaskammern und Vernichtungslagern ... das Selbe wie die Fabrikation von Wasserstoffbomben." Merke: „Der innere Schrecken gibt dem Dasein seine Größe." (Vorlesung 1929/30 über ‚Die Grundbegriffe der Metaphysik').

* * *

Begreifen und Umgreifen: Existenzberechtigungsnachweise

„Meine Mutter hat meine Kindheit ... mit unendlicher Liebe verklärt." „Der Vater hat mich im Geist von Vernunft, Verläßlichkeit und Treue ... erzogen." Die Mutter, schrieb er in ‚Schicksal und Wille', war „eines großartigen Übermuts fähig" und von „wundersamer Heiterkeit". Den Haushalt leitete sie „ohne jeden Machtwillen, in bewußter Lebensklugheit und instinktiver Diplomatie", äußerlich „immer nachgebend". Sie wollte eher verstehen als erziehen und nahm die Kinder ernst „ohne moralisches Richtertum". Obwohl sie nur die Volksschule besucht hatte, las sie die Werke ihres Sohnes, die dem Vater fremd blieben, einem liberalen Oldenburger Bankdirektor, der seine Liebe zur Unabhängigkeit bis zur Ablehnung öffentlicher Ämter und bis zu persönlicher Unzugänglichkeit trieb in „fast schicksalsverhängter Einsamkeit. Er wuchs wie eine Eiche, die für sich steht, unbeugsam ihrem Gesetz folgend ... Wollte ihn jemand anders, stieß man sich wund." Sohn „Kally", der um die Mutter nicht zu werben brauchte, warb um den grenzenlos verehrten und verschlossenen Vater, den er „fleckenlos" sah und nie „in rücksichtsloser Objektivität" sehen konnte und mochte. Gleich nach der Geburt litt das Kind an nächtlichen Hustenanfällen, Infektionsanfälligkeit, Ekzemen und Atemnot: „Gesund bin ich nie gewesen. Meine Eltern haben den Mut nicht aufgegeben, auch wenn es mit meinem Dasein noch so bedenklich zu stehen schien. Sie ließen mich fühlen, wie gut das Leben, und daß ich ihnen nicht zur Last, sondern eine Freude sei". Der sechs Jahre jüngere Bruder Enno war gesund, weltlustig mutig, klug und hübsch, „bezaubernd", aber erregbar, verschwenderisch und unverläßlich. Im Haus der Eltern nahm er sich gut vierzigjährig das Leben, die Mutter hinderte ihn nicht: „Die glücklichen Gaben der Natur hat ihm das Schicksal zerstört; bei mir hat die Natur gekargt, doch das Geschick war mir günstig". Die zwei Jahre jüngere Schwester Erna hat Karl Theodor geliebt. Das körperlich schwache Kind wußte bald: „Nicht widerstehen — es geht nicht." Die Eltern schlugen und befahlen nicht, sondern appellierten an eigenen Willen und unabhängiges Urteil. Vor dem Schritt in die Schule hatte das behütete Kind große Angst. Einer Schülervereinigung trat er nie bei, weil die Aufnahme von der sozialen Stellung der Eltern abhing. Dem strengen Direktor des Gymnasiums machte er den Unterschied zwischen Schule und Kaserne so deutlich klar, daß dieser ihn nach dem Abitur verabschiedete mit den Worten: „Aus Ihnen kann ja nichts werden. Sie sind organisch krank!" — „Immer wenn Differenzen waren, war ich der Störenfried, der eigensinnige Mensch, der außerhalb stand." Der sehr blasse 18jährige wog bei einer Größe von 1,90 m nur 125 Pfund. Schon der Schüler las Spinoza in „weltschmerzlicher Wehmut".

„Ich möchte nicht noch einmal Kind sein ... preisgegeben den Erwachsenen — Nicht wissen, nicht orientiert, ohnmächtig in allem. Mit dem Erwachsenwerden Verschwinden der Qual."

Der 24jährige Student lernte die Schwester des Historikers der Arbeiterbewegung Mayer kennen, eine Psychiatriepflegerin, die Kant las: Ohne seine jüdische Frau Gertrud hätte *Karl Jaspers*, der an tödlicher Bronchiektasie und Herzinsuffizienz litt, sein hohes Alter nicht erreicht. Seine Krankheit zwang ihm eine extrem schonende Tageseinteilung auf; er lebte und arbeitete buchstäblich auf dem Filosofa. Seine Frau war illusionslos im Umgang mit sich selbst, melancholisch ernst und allem bloßen Vergnügen abgeneigt, rückhaltlos offen und impulsiv. „Ihr unbefestigtes Herz" lieferte sie aus „in verschwenderischem Einsatz", ruhelos und ungeschützt. (Bis zuletzt tippte sie alle Manuskripte ihres Mannes ins Reine, ohne selbst Bücher zu schreiben).

„Ist nicht mein Philosophieren der Kommunikation von allen modernen Bemühungen das einsamste?" Der Philosoph der Kommunikation beschränkte die seine auf seine Frau. Er war einer der wenigen Denker der monogamen Ehe (die wegen seiner körperlichen Verfassung kinderlos blieb). Jaspers kam von der Psychiatrie zur Existenzphilosophie und war fast der einzige Denker, der je Sinn hatte für Psychologie, wenn auch nicht für Psychoanalyse: „Hier steckt im Ursprung der Teufel, daher gibt es nur totale Ablehnung". Dem „immerhin geistesmächtigen Freud, diesem in seiner Art vergleichsweise großen Philosophen aus dem Haß", warf er Verengung auf Sexualität vor, „Ungeistigkeit", „Begrenztheit und Unfreiheit des Denkens", das „dürftige Menschenbild" und Mangel an Mut bei der eigenen Traumdeutung. Vor allem aber verwarf er die „psychologische Mythologie" der Schüler Freuds. Binswanger nannte Jaspers „für das Sexuelle fast blind". — „Ich arbeite; ich tue sonst nichts". Jaspers hatte „immer gesteigerte Sorge um die materiellen Lebensbedingungen". „Wenn man nicht in die Welt kann, müssen die Wände durchlässig werden." „Ich leide daran, daß ich zu wenig träume. Die Phantasie ist doch der Weg zur tiefsten Wahrheit und Wirklichkeit." „Ich weiß, daß ich mir nicht nur etwas ausgedacht habe." „Ich bringe keine neue Philosophie."

„Wahrheit ist, was uns verbindet." „Ich muß veröden, wenn ich nur ich bin." — „Existenz ist nicht ohne Transzendenz." „Ich werde in meiner Freiheit mir geschenkt" (wie eine Frau einem Mann ein

Kind ‚schenkt'?): „Das Gleichnis von Freiheit und Transzendenz" war ihm die Nordsee, während ihm Berge nur den Horizont verstellten. Darin fühlte er wie der Norddeutsche Kant. La mer et la mère. Jaspers ging von einer noch heute wichtigen „Allgemeinen Psychopathologie" über eine „Psychologie der Weltanschauungen" zu einer „Periechontologie des Umgreifenden": Jedes Verhältnis von Menschenkind und Mutter Natur vollziehe sich in der „Subjekt-Objekt-Spaltung" der Abnabelung, aber zugleich innerhalb des mütterlich ‚Umgreifenden' selbst. Frau Welt war für Jaspers dieses mütterlich ‚Umgreifende' und zugleich ein bloßes ‚Erkenntnis'-Objekt: „Alles, was mir Gegenstand wird, tritt aus dem Umgreifenden an mich heran, und ich als Subjekt aus ihm heraus", ohne daß ich darin „eindringen" kann. Gleichwohl suchte der Verstand phallisch Zugang: Aus einer Vorlesung 1956 sollte das Buch „Clavis clavium" entstehen, „Schlüssel zu jener Schlüsselkammer, in der sich die Werkzeuge befinden, um alle Räume des gewaltigen Gebäudes des Seins aufzuschließen ... Der Raum als Ganzes wird nicht durch einen Schlüssel als Ganzes geöffnet ... Ich suchte den Schlüssel zur Schlüsselkammer."

„Das Jahr 1933 kam trotz aller vorhergehenden Sorge für mich unerwartet." Daß seine Schülerin Hannah Arendt emigrieren wollte, hielt Jaspers „für die Dummheit ihres Lebens". Der abgesetzte Professor war weniger gefährdet durch Philosophie als durch seine jüdische Frau. „Ich kann es nicht dulden, daß sie stirbt ohne mich."

„Ein Deutscher kann es nicht vergessen, daß er mit seiner Frau sein Leben den Amerikanern verdankt gegen Deutsche, die im Namen des nationalsozialistischen deutschen Staates ihn vernichten wollten." „Ich bin kein Held und möchte nicht als solcher gelten."

„Wir sind nicht, als unsere jüdischen Freunde abgeführt wurden, auf die Straße gegangen, haben nicht geschrieen, daß man auch uns vernichtete. ... Daß wir leben, ist unsere Schuld. Wir wissen vor Gott, was uns tief demütigt. " Er forderte weniger Anerkennung von Kollektivschuld als von Kollektivhaftung für Hitlers Untaten. Jaspers überlebte das Dritte Reich um ein Vierteljahrhundert. „Man muß krank sein, um alt zu werden". Am 90. Geburtstag seiner Frau starb er nach den Studentenunruhen 1969 an den Folgen mehrerer

Schlaganfälle. „Wohin treibt die Bundesrepublik?" fragte der ‚NATO-Philosoph' und fürchtete: von der verordneten Formaldemokratie in die Parteien-Oligarchie eines Anti-Antifaschismus.

* * *

Worüber mann nicht reden will, das muß mann verschweigen

„Ein Charakterogramm *Wittgensteins:* Es zeigt ihn als schizothymen (wenn nicht sogar schizoiden) introvertierten Autisten ... gegen die Sekurität der großbürgerlichen Wohlstandsgesellschaft , — aus welcher er herkam —" (Friedrich Kainz, 1976)

„Mein Leben war bisher eine große Schweinerei". Er las Tolstoj und schrieb: „Gott kann mir sagen: ‚Ich richte dich aus deinem eigenen Munde. Du hast dich vor Ekel vor deinen eigenen Handlungen geschüttelt, wenn du sie an anderen gesehen hast'." Er sagte: „Meine eigenen Probleme erscheinen in dem, was ich in der Philosophie schreibe." Diese Probleme scheinen die eines Homosexuellen gewesen zu sein, der sich tarnte, wenngleich nicht durch eine Ehe. Seiner Homosexualität glaubte er nur durch Selbstmord ein Ende machen zu können und zu müssen, er erwartete paradox gerade vom biblischen Gott die Absolution für das, was dem ein Greuel ist. ‚Logischer Positivismus'? Vieles hatte er vom Vater, einem der größten Stahlmagnaten seiner Zeit, dem Begründer der modernen Eisen-und Stahlindustrie der Donau-Monarchie: die respektlos starke Persönlichkeit, die lange Ungewißheit über seine Stärken und Schwächen, das technisch-praktische Talent (das akademische Ausbildung umging), die asketische Selbstdisziplin, die Liebe zur Musik und Poesie, den Hang zu Fluchtversuchen vor sich selbst und vor der Familie, der in ihren Schoß nur umso tiefer hineintrieb. Die Großmutter stammte aus einer der angesehensten jüdischen Familien Wiens, Grillparzer fand sie liebenswürdig. Der Vater Karl W. lernte seine Frau Leontine Kalmus, das „gute, gescheite und gebildete Mädchen" aus einer wohlhabenden Familie, beim Musizieren kennen. Ihre unkompliziert freundliche Selbstlosigkeit, die nie hoch hinauswollte, milderte seine ehrgeizige Ruhelosigkeit. Die Kinder wurden katholisch getauft wie die Mutter, der Vater blieb protestantisch, puritanisch distanzierte Autorität. Zwei homosexuelle Brüder nahmen sich das Leben, als Ludwig 13 und 15 Jahre alt war. Seine ältere Schwester Margarete übertrug auf ihn ihre Liebe zu Schopenhauer, Kierkegaard und Weininger. Bis zum 14. Lebensjahr erhielt Wittgenstein Privatunterricht im Hause und hatte keine Freunde. Aus der wohlbehüteten Isolation des Familienschoßes fand er schlecht heraus. An Bertrand Russell, der ihn ein Genie nannte, schrieb er: „Wie kann ich ein Logiker sein, wenn ich noch nicht Mensch bin? Vor allem muß ich mit mir selbst ins Reine kommen!" Russell fiel vor allem die ‚Reinheit' seines Freundes auf, der sich selbst gerade unrein fühlte, weil seine logische Vernunft so rein war und weil wahre Reinheit in der ‚Befleckung' mit dem anderen Geschlecht bestanden hätte. Seine Selbstverachtung trieb ihn immer wieder in selbstmörderische Depressionen; er suchte zu sühnen durch ‚nützliche Arbeit als einfacher Mensch'. Um von Herkunft und Herkömmlichem freizukommen, verschenkte er sein Millionenerbe, aber nicht an Arme, sondern an seine ohnehin überreichen Geschwister, und verdingte sich als Klostergärtner, Krankenträger, Hilfskraft in einem medizinisch-technischen Labor. Mal arbeitete er als Dorfschullehrer, mal als Hochschullehrer, mal in Cambridge, mal in norwegischer Einsamkeit. Der kinderlose Excentric las am liebsten Kindern Märchen vor und hätte noch lieber als Priester mit ihnen die Bibel gelesen. Seiner Schwester Hermine spielte er den Architekten, und es kam eine leblos „hausgewordene Logik" heraus. Seinen scharfen Verstand benutzte er, um dessen Grenzen zu Religion und Moral zu verstehen, und hatte zeitlebens Angst, ihn zu verlieren.

Im ersten Weltkrieg meldete der Unpolitische sich freiwillig, um in Kämpfen mit Männern zu sterben, und wurde für große Tapferkeit dekoriert.

Deutsche Denker denken wie Hölderlin,
deutsche Dichter wie Wittgenstein.

Wittgenstein suchte weniger Erklärung der Welt als Klärung der Sprache, die nicht länger ‚feiern' und ihn ‚verhexen' sollte. Sein analer Waschzwang reinigte sie von allen metaphysischen Hintergedanken, aber am Ende gab er der Muttersprache wieder den Vorzug vor jeder logistischen Kunstsprache der Wissenschaft: Die Metasprache aller Metasprachen wurde wieder die Umgangssprache. „Es gibt allerdings Unaussprechliches. Dies zeigt sich, es ist das Mystische." „Was sich überhaupt sagen läßt, läßt sich klar sagen, und worüber man nicht reden kann, darüber muß man schweigen." — Worüber man nicht reden konnte und durfte, war die Homophil(osoph)ie. „Eine Sprache vorstellen heißt, sich eine Lebensform vorstellen", und das war die sterile des geborenen Homophil(osoph)en. „Daß das Leben problematisch ist heißt, daß dein Leben nicht in die Form des Lebens paßt. Du mußt dann dein Leben verändern ...", und das konnte und wollte er dann doch nicht.

„Philosophie ist Sprachkritik", die „alles so läßt, wie es ist." Er ahnte, daß das Verhältnis der Sprache zu ihren Gegenständen, des Subjekts zum Prädikat im Urteil, etwas zu tun hat mit dem Verhältnis des Menschenkindes zu Mutter Natur und anderem Geschlecht. In der Logik ist der Geist nur so mit sich selbst befaßt wie der Homoerotiker mit seinesgleichen. Wittgenstein sagte deutlich, daß niemand *in* der Sprache über sie hinauskönne und daß einer mit der mathematischen Logik weder schon etwas über sich selbst noch über die (ganz andere) Realität gesagt habe. In der logischen Form des Urteils, der Kopulaverbindung zweier durch Namen bezeichneter Individuen, spürte er die moralische Ver-urteilung dieser Art von ‚reiner' Verbindung.

„Wir fühlen, daß selbst, wenn alle möglichen wissenschaftlichen Fragen beantwortet sind, unsere Lebensprobleme noch gar nicht berührt sind." Der späte unterschied sich vom frühen Wittgenstein dadurch, daß er alle ‚Sprachspiele' und damit ‚Lebensformen' für gleichwertig halten wollte, also auch die homo- und hetero-phil(osophisch)e. Darüber starb er mit 62 Jahren an Prostatakrebs. „Sagen Sie ihnen, daß ich ein wundervolles Leben gehabt habe", sagte er nach Ablehnung jeder ärztlichen Behandlung. Früher hatte es geheißen: „Mein Leben ist eigentlich sehr glücklich! Bis auf die Zeiten, wo es verflucht unglücklich ist."

* * *

Hoffnung auf rote Mater-ie: MAGNA MATER

Sein Klassenlehrer schrieb: „Dieser Schüler trug ein anmaßendes, unbescheidenes und selbstgefälliges Wesen zur Schau.“ Der rote Mystiker *Ernst Bloch*, Sohn eines jüdischen Eisenbahnbeamten, schrieb 1921 bei der Lektüre von Kellers ‚Grüner Heinrich‘: „Ich hatte überhaupt keinen Vater.“ Über seine Mutter sagte er: „Mit 13 Jahren schrieb ich ein kleines Heft voll: System des Materialismus, mit dem ersten Satz: ‚Die Materie ist die Mutter alles Seins‘.“

Im Kampf gegen kapital(istisch)e Vaterfiguren verbünden proletarische Menschenkinder sich mit den mater-iellen Tendenzen einer Mutter Natur, die ihrerseits sich der Vatermordgelüste ihrer Erdensöhne bedient, um ihre eigenen gattenmörderischen Phantasien realisieren zu können.

Ernst Bloch

Seine Jugend verbrachte er mit der Jagd auf eine reiche Erbin, die seine philosophische Existenz finanzieren sollte. Bloch sah erst in Lenin den Ludendorff-Agenten, verteidigte dann Stalin gegen Hitler und später wieder Lenin gegen den Hitler-Stalin-Pakt. Während des Ungarnaufstands 1956 noch schrieb er: „Warum greift denn die Rote Armee nicht endlich ein?" — Der Mater-ialismus der deutschen Juden Marx, Bloch, Adorno und Horkheimer war ein ‚matriarchalischer' Antijudaismus, ein Aufstand auch gegen das Gesetz der Väter.

„Diese Weisheit, die kühn-besonnene, offen-konkrete Weisheit Lenins und Stalins, wacht auf der Strecke zur klassenlosen Gesellschaft." (Antrittsvorlesung in Leipzig 1949).

„Jetzt ist doch die allerhöchste Zeit, wann marschiert endlich die Rote Armee ein?" (Ungarnaufstand 1956).

* * *

Angelus Novus Stalin?

Walter war der älteste Sohn des ‚spekulativen' Auktionators Emil *Benjamin* und seiner Frau Pauline geb. Schönfließ, ein „wohlgeborenes Bürgerkind". Da waren Hoflieferanten und französische Kindermädchen, Sommerwohnungen in Potsdam und Neubabelsberg und langjähriger Privatunterricht zusammen mit Kindern „aus gehobenen Kreisen". Der Dreijährige bekam einen Bruder, der Neunjährige

Walter Benjamin

eine Schwester. Benjamin erinnerte seine Mutter als tröstende Geschichtenerzählerin, die vor den „Drohungen und Donnerworten" des Vaters schützte, diesem „Bild der Macht und Größe". Der behütet aufgewachsene und häufig kränkelnde Junge erlebte die Menge seiner Mitschüler als Schock und wiederholte ein Schuljahr. „Das Gefühl für die Abstraktheit des reinen Geistes möchte ich Jugend nennen", schrieb der jungbewegte Student, bevor er nach dem Selbstmord seines Freundes mit der weltkriegsbegeisterten Jugendbewegung Wynekens brach. Zionismus und Sozialismus stießen ihn eher ab. „Die Juden stellen eine Elite dar in der Schar der Geistigen." Und es gibt „keine innere und ursprüngliche Verbindung ... zwischen dem geistigen Dasein eines Studierenden und seinem fürsorglichen Interesse für Arbeiterkinder".

26jährig heiratete er Dora Kellner, die ihm half, sich dem Wehrdienst als simulierender ‚Zitterer' und Ischiaskranker zu entziehen. Ein Jahr später wurde das einzige Kind Stefan geboren. In dem Essay über Goethes ‚Wahlverwandtschaften' beschrieb der Bindungsscheue seine Traumfrau: „Ihr ganz natürliches Gebaren macht trotz vollkommener Passivität, die der Ottilie im Erotischen ... eignet, diese bis zur Entrücktheit unnahbar." In einem Brief: „Wo dieser Mann auf eine Frau stieß, die ihn bannte, war er unversehens entschlossen, auf ihrem Lebensweg sich auf die Lauer zu legen und zu warten, bis sie krank, gealtert, in zerschlissenen Kleidern ihm in die Hände fiele." Auf Frauen wirkte er unerotisch.

Bei Hermann Cohen lernte der Philosophiestudent Kants ‚Ding an sich' als platonische Idee fortschreitender Erfahrung mit Mutter Natur kennen. Der 32jährige lernte mit der Schauspielerin Asja Lacis den Kommunismus schätzen. Gleichzeitig blieb ihm Adam der „Vater der Menschen als Vater der Philosophie".

Benjamin unterschied vier Arten von Sprache: die göttlich weltschöpferische, die namengebend adamitische, die heutige urteilende und die ausdruckslos stumme der Dinge.

Bis fast zu seinem 40. Lebensjahr lebte Benjamin mit Frau und Kind in der elterlichen Villa in Berlin. Seine Reisemanie, Spielleidenschaft und Nervenzusammenbrüche bezeugten die Schwierigkeit, sich von zuhause freizumachen. „Das Haus der Väter, das in der zwiefachen Finsternis des kaum Vergangenen und des Unvordenklichen dasteht", „das Trauma des Elternanblicks in seiner doppelten Figur als urgeschichtliches und geschichtliches Phänomen" war das „bleibende Motiv dieses Dichters", geschichtlich im DIAMAT, urgeschichtlich im Judentum. — Benjamin emanzipierte sich von der Familie, aus der er kam, erst durch Auflösung der Familie, die er gegründet hatte — kurz nach dem Tode seiner Mutter. Der 38jährige führte einen „von beiden Seiten mit größter Erbitterung geführten" Scheidungsprozeß gegen seine Frau. Er war gezwungen zur „Verschreibung" seines Erbes, um nach der Scheidung die Mitgift von 40.000 Mark an seine Frau zurückzahlen zu können.

„Wer in Deutschland ernsthaft geistig arbeitet, ist vom Hunger in der ernsthaftesten Weise bedroht". Im Nazideutschland und im Exil verarmte der freie Schriftsteller immer tiefer. Aus der Emigration konnten Adorno und Horkheimer ihm finanziell nur wenig helfen, zumal sie unzufrieden waren mit seinem Judaismus und durch Brecht beeinflußten Vulgärmarxismus. „Der Intellektuelle nimmt die Mimikry der proletarischen Existenz an, ohne darum im mindesten der Arbeiterklasse verbunden zu sein", schreibt der Verarmte. „Dem Begriff der klassenlosen Gesellschaft muß ein echtes messianisches Gesicht wiedergegeben werden."

Benjamin scheiterte, weil er den jüdischen Monotheismus in den Dienst des Stalinismus stellte bei dem Versuch, umgekehrt den dialektischen Materialismus in den Dienst des biblischen Messianismus zu stellen.

Adorno brachte später oft nur auf den Begriff, was er bei Benjamin erlebt fand: „Der seines Ichs mächtig war wie wenige, schien der eigenen Physis entfremdet. Das ist vielleicht eine der Wurzeln der Intention seiner Philosophie, mit rationalen Mitteln heimzubringen, was an Erfahrung sich in der Schizophrenie anmeldet."

Benjamin sah, daß es bei Kafka ums vergessene ‚Gesetz' der Väter ging. Der ‚Prozeß' gegen K. „führt weit hinter die Zeit der Zwölf-Tafel-Gesetzgebung in eine Vorwelt zurück, über die einer der ersten Siege geschriebenes Recht war." — „Die Pforte der Gerechtigkeit ist das Studium, ... die das Dasein in Schrift verwandelt."

Im Internierungsjahr 1939 schrieb er Gretel Adorno von einem

Lesen der Zeilen als Anblick des Körpers einer sehr schönen Frau: „Nach diesem Traum konnte ich stundenlang nicht wieder einschlafen. Vor Glück."

„Glücklich sein heißt, ohne Schrecken seiner selbst innewerden können." „Wer geliebt wird, hinter dem schließt der Abgrund des Geschlechts sich wie der der Familie."

Auf der Flucht vor den Nazis nach Amerika vergiftete sich der herzkranke 48jährige mit Morphium vor der französisch-spanischen Grenze.

„Der Ernährer aller Menschen ist Gott, und der Staat ihr Unterernährer.

Der Ausdruck der Leute, die sich in Gemäldegalerien bewegen, zeigt eine schlecht verhehlte Enttäuschung darüber, daß dort nur Bilder hängen.

Wer die Umgangsformen beachtet, aber die Lüge verwirft, gleicht einem, der sich zwar modisch kleidet, aber kein Hemd auf dem Leibe trägt.

Wenn der Zigarettenrauch in der Spitze und die Tinte im Füllhalter gleich leichten Zug hätten, dann wäre ich im Arkadien meiner Schriftstellerei."

* * *

„Nichtidentität": Es lebe der kleine Unterschied!
Adorno war sehr verletzt durch Herbert Marcuses ernsten Scherz, nur die Tatsache, Jude zu sein, habe Adorno davor bewahrt, Nationalsozialist zu werden. Er wollte „die Utopie, die einmal von der Liebe der Mutter zehrte", sein Mater-ialismus wollte kein jüdisches Patriarchat.

Nicht weniger als alles Jüdische haßte er alles Häßliche und Kranke. Vor den Nazis suchte der Jude fragwürdigen Schutz beim Adel, mit dem er kokettierte. Seine Vorlesungen zelebrierte er wie priesterliche Kulte, um sich durch vorweggenommene Selbstkritik gegen Kritik zu immunisieren. Sein Ziel, nicht ganz erwachsen zu werden, ohne deshalb infantil zu bleiben, hat er erreicht. Das Einzelkind der korsischen Sängerin Maria Adorno und des Frankfurter Weinhändlers Oskar Wiesengrund wurde von Mutter und Tante Agathe so überverwöhnt und vor jedem väterlichen Beeinflussungsversuch abgeschirmt, daß ‚Teddy' zeitlebens die Musik lieben wie alles Ökonomische hassen mußte. (Im übrigen war der askenasische Vater ein Verächter des Ostjüdischen). Der Soziologie- und Philosophieprofessor Adorno, kinderlos verheiratet mit der Brauereibesitzerstochter Gretel Karplus, erlag mit 66 Jahren einem Herzschlag unter den ödipalen Anschlägen der antiautoritären Studenten von 1968, die ihrem geistigen Vater praxisscheues Versagen vorwarfen, während er in diesen deutschen Sozialisten nur die Kinder der Nationalsozialisten erkennen konnte, vor denen er 1934 nach Amerika emigriert war, zusammen mit seinem lebenslangen Freund *Max Horkheimer*, Gründer des „Instituts für Sozialforschung". Horkheimer hatte die in ihn verliebte Sekretärin seines Vaters geheiratet, eines jüdischen Fabrikanten.

* * *

Zum Freien nicht verurteilt

Seinen Vater, einen in Indochina gestorbenen Marineoffizier, verlor er im Alter von 2 Jahren und heiratete nie seine Lebensgefährtin Simone de Beauvoir, adoptierte aber seine algerische Sekretärin, um ihr den Aufenthalt in Frankreich zu ermöglichen. Seine zahlreichen Liebschaften mit anderen Frauen beichtete er der Beauvoir rücksichtslos offen, als sei sie seine Mutter oder sein Kumpel. Er war der Philosoph der ab-soluten Freiheit vom Sein der Mutter Natur, ohne selbst Vater werden zu wollen, und blieb ewiger Halbstarker. — ‚Castor und Pollux' gaben beide ihren Lehrerberuf auf, um freie Schriftsteller zu werden. Jeder Mensch habe sich zu mehr und anderem zu machen, als was er von Mutter Natur und vom Vater aus sei. Er habe sich und seine Welt selbst in die Welt zu setzen, also Vater und Mutter seiner selbst zu werden (aber nicht eigener Kinder). Jeder sei verurteilt zur Abnabelung von Mutter Natur, eine einzige ‚Transzendierung' dessen, was er von Geburt und Herkunft sei. Paranoisch verfolgt vom taxierenden Blick anderer, spiele jeder jedem sein Sein als erfundene Rolle nur vor. Politisch entwickelte er sich von der Résistance über den Stalinismus zum Maoismus und Judaismus.

Einmal fragte sich *Sartre*, ob er all seine Bücher nur geschrieben habe, um den kleinen ‚Poulu' zufriedenzustellen, der seinem Großvater Schweitzer gefallen wollte. Notleidende begabte Schriftstellerkollegen unterstützte er großzügig durch Stipendien und Renten. Er behauptete von sich, weder ein Verhältnis zu Besitz noch ein Überich zu haben.

Der Mann, der gut schizoid „Die Wörter" lange für die Dinge selbst genommen hat, ließ seine Autobiographie mit dem Vater beginnen: Er „packte sich das große, vereinsamte Mädchen, machte ihr im Galopp ein Kind, mich, und flüchtete sich dann in den Tod." Nach seinem Tod in Übersee war Mutter Annemarie, eine hübsche junge Frau, gezwungen, mit dem zweijährigen ‚Poulu' zu ihren Eltern zurückzukehren wie eine reumütige Versagerin, deren Gatte sich „als nicht haltbar erwiesen hatte". Der kleine Sartre in Mädchenkleidern wurde mit seiner Mutter im Hause des elsässischen Gymnasialprofessors Schweitzer gut aufgenommen, fühlte sich aber nur als auf Widerruf gnädig geduldeter Eindringling in fremder Umgebung und glaubte, sich durch besondere (schauspielerische) Kunststücke sein Gastrecht bei den Großeltern erst verdienen zu müssen wie später seine Existenzberechtigung auf der Welt durch literarische Meisterwerke. Von Natur gehörte dem ‚Fremdling auf Erden' gar nichts. Vielleicht empfand er sich auch als der überforderte Gatte seiner verwitweten Mutter, für die er zu sorgen hatte, nachdem der Vater sich vor seinen familiären Pflichten gedrückt hatte. Das Kleinkind sprang ein und spielte seinen Vater, ‚erfand' sich ihn. Nie konnte Sartre (sich) etwas leisten, weil er sich anerkannt fühlte, sondern fühlte sich immer erst anerkannt, wenn er etwas Besonderes geleistet hatte. Das Kind fühlte sich ständig taxiert, ob es ‚gut' genug war, durfte sich auf nichts verlassen und sich nie gehenlassen, den Blick seiner Werttaxierer stets im Nacken, um nicht verstoßen zu werden. Sartre mußte Tat und Arbeit lieben, weil er sich die Liebe der Menschen erarbeiten zu müssen glaubte. Bis zum Tode war der Haß auf die bürgerliche Herkunft der einzige, der ihn nie verließ. Er wollte frei sein — primär vom Urteil seiner Groß-Eltern, frei aber auch von der Symbiose mit der Mutter (die er später in seine Wohnung aufnahm bis zu ihrem Tode, nicht seine Lebensgefährtin). So ‚schielte' schon das Kind auf literarischen Weltruhm, der ihm die unwiderrufliche Aufenthaltsgenehmigung auf Erden endgültig sichern sollte. Dem 12jährigen setzte die Mutter als Stiefvater einen Ingenieur und Werftdirektor vor die Nase, als es schon zu spät war: Der durch den langen vertraulichen Umgang mit der Mutter Verwöhnte lehnte kurz vor der Pubertät die freundlichen Angebote von ‚Onkel Jo' ab. Um sich seinen Wert nicht von anderen verleihen lassen zu müssen, versuchte er, selbst Schöpfer seines Wertes zu werden und sich ihn dann von anderen aber bestätigen zu lassen. Auch geliebt wollte er nur werden, um in seinem Sein gerechtfertigt zu sein, und ertrug es nur schwer, denjenigen rechtfertigen zu müssen, von dem er gerechtfertigt werden wollte. Er wollte geliebt werden, ohne lieben zu müssen, er liebte nur sein Geliebtwerden. Simone de Beauvoir war diese Mutter, die nicht geheiratet werden darf, und sie vermochte Sartre zeitlebens nicht von seiner Bindungsangst zu befreien, weil sie ihrerseits nur Männer akzeptieren konnte, in denen sie nicht ihre eigene Mutter und ihre Bindung an sie attackieren mußte. Der Existenzialismus war die narzißtische Vorpubertätsphilosophie eines vaterlosen Kindes, das auch mutterlos sein wollte, um nicht verrückt zu werden.

*

Wenn das Böse banal ist, war Heidegger kein Eichmann der Philosophie
In einem Brief vom 08.02.1950 an ihren zweiten Gatten Heinrich Blücher schrieb Heidegger über seine ehemalige Schülerin Hannah *Arendt*, daß sie „nun einmal die Passion seines Lebens gewesen" sei. Und die Passion seines Lebens war auch die Muse seines frühen Hauptwerks „Sein und Zeit" (1926) gewesen, eine Muse, für die er allerdings seine Ehe mit seiner resoluten antisemitischen Frau nicht opfern wollte. Ein Einfluß der Jüdin Hannah Arendt auf die Philosophie Heideggers ist nicht nachweisbar, der Einfluß Heideggers auf das Denken der Arendt blieb dafür umso größer. Auch und gerade in der Philosophie blieb das Verhältnis von Juden und Deutschen stets

Hannah Arendt

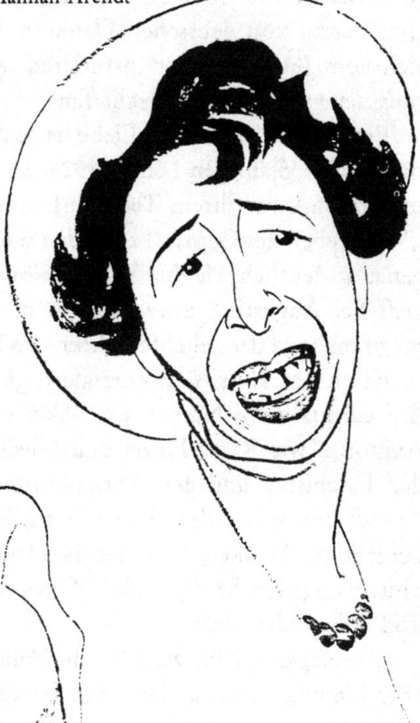

Karl Jaspers

so einseitig, wie Gershom Scholem es verklagt hatte. Juden waren stets bereit, von deutschen Denkern zu lernen, während Deutsche sich vom Judentum nur inspirieren ließen, um ihrem Antisemitismus neue Gründe zu verschaffen.

Eine kurze und heftige Liebe hatte die neunzehnjährige Studentin mit ihrem 35jährigen Lehrer 1924/25 verbunden. Ihr 1973 bis 1975 in den USA vor ihrem Tode verfaßtes philosophisches Hauptwerk „Vom Leben des Geistes“ zeigt den starken Einfluß Heideggers noch genau so deutlich wie ihre Dissertation von 1928 über den „Liebesbegriff bei Augustin“ unter Jaspers in Heidelberg. Im späten Opus magnum wird der geliebte Lehrer von Marburg sehr oft eher zustimmend zitiert als kritisch korrigiert, gleichberechtigt neben den großen europäischen Namen wie Sokrates und Platon, Aristoteles und Augustin, wie Kant, Hegel und Nietzsche. Heidegger und Jaspers, den Faschisten und den Antifaschisten, nennt und zitiert Hannah Arendt nebeneinander nicht nur als ihre Lehrer, sondern als gleichberechtigte Denker, und auf Heidegger bezieht sie sich philosophisch ungleich häufiger als auf Jaspers, mit dem sie bis zu dessen Tod befreundet blieb.

„Heideggers Wille zum Nicht-Wollen“ war wohl in Wirklichkeit eher Unwille als willenlos. „Für Heidegger ist der Wille zum Herrschen eine Art Sündenfall, dessen er sich selbst schuldig befand, als er seine kurzdauernde Vergangenheit in der Nazibewegung aufzuarbeiten begann.“ (‚Vom Leben des Geistes‘, Band II, München 1979, S. 164 f.) Diese Vergangenheit war weder kurz gewesen noch aufgearbeitet noch in einem Schuldbekenntnis je beendet worden. Für Heidegger ist das Gewesene jenes Wesentliche, das stets noch bevorsteht und aussteht. Den Gedanken Heideggers, Denken und Danken seien dasselbe, findet Arendt nicht fragwürdig. Heideggers berühmte ‚Kehre‘ interpretiert sie fast als eine Bekehrung Mitte der Dreißiger Jahre. „Dieser Bruch fiel zusammen mit der Katastrophe Nazideutschlands und Heideggers anschließenden ernsten Schwierigkeiten mit seinen Kollegen und mit den Anstellungsvorschriften ... In der gewandelten Stimmung drückte sich die Niederlage Deutschlands aus, der ‚Punkt Null‘ (wie Ernst Jünger sagte), die ein paar Jahre lang einen neuen Anfang zu versprechen schien.“ (a.a.O., S. 179).

Das klingt, als sei Heidegger niedergeschlagen gewesen über die nach 1945 vertane Chance eines wirklich demokratischen Neubeginns statt über die ausbleibende Renaissance des Faschismus. „Angesichts der Wirklichkeit Adenauerdeutschlands äußerten sich weder Heidegger noch Jaspers jemals systematisch über das, was ihnen sehr bald als ein völliges Mißverständnis der neuen Ära erschienen sein muß." (a.a.O., S. 180). Und Hannah Arendt erwähnt „den radikalen Wandel, den der Begriff des Todes in Heideggers Spätschriften erfährt: er erscheint als der letzte Retter des Wesens des Menschen, als das ‚Ge-birg des Seins in dem Spiel der Welt'. Und ich habe versucht, das Seltsame daran ... in gewissem Sinne zu rechtfertigen ..." (S. 183). Wird hier ‚Vom Leben des Geistes' gehandelt oder vom Leben des Ungeistes und vom Geist des Todes?

Unter dem Einfluß Heideggers beschäftigte die junge Jüdin sich eher mit der griechischen als der jüdischen Antike, ging hinter Platon auf Parmenides statt auf Moses zurück, lernte Raum und Zeit als deutsche Existenzangst um Lebensraum und völkische Geschichte sehen, sah das Denken eher in der Nähe der Dichter als der Wissenschaftler und lernte Wahrheit als ‚Aufdecken', ohne das Geheimnis Heideggers je aufdecken zu wollen, sie fasziniert zu haben.

Nach dem Kriege war sie entsetzt über Heideggers Kollaboration mit den Nazis. Sie hielt ihn „für einen potentiellen Mörder" seines jüdischen Lehrers Husserl und seine Rechtfertigungsversuche für „nichts als törichte Lügnereien mit einem, wie mir scheint, ausgesprochen pathologischen Einschlag." ... (Brief an Jaspers, 9.7.1946). Sie warf ihm „Charakterlosigkeit" vor und hielt ihn gleichwohl für den Picasso der Philosophie dieses Jahrhunderts. „Heidegger ist faktisch (hoffentlich) letzter Romantiker, gleichsam ein gigantisch begabter Friedrich Schlegel und Adam Müller, deren komplette Verantwortungslosigkeit bereits jener Verspieltheit geschuldet war, die teils aus dem Geniewahn und teils aus der Verzweiflung stammte." (1948). Heideggers Bewunderung für die faschistische ‚Begegnung der planetarisch bestimmten Technik und des neuzeitlichen Menschen' hielt sie für einen „grotesken Irrtum", womit „er aber nicht alleine war. Ich fand gerade eine ähnliche Bemerkung bei Benjamin. Der Ärger mit diesen Herren war, und ist immer gewesen, daß sie keine Bücher wie ‚Mein Kampf' lesen konnten — zu langweilig — und es vorzogen, leicht verrückte aber höchst interessante Bücher italienischer Futuristen zu lesen, die später alle Faschisten wurden.“ (an J. Glenn Gray, 25.3.1967).

Nach dem Kriege suchte Heidegger Kontakt zu ihr, schickte ihr seine Manuskripte wie Dokumente seiner ‚Kehre' und „wirklich herrliche Gedichte“, was nun wirklich nur ein amusischer Mensch finden kann, wenn man „Die Erfahrung des Denkens“ liest. Seine Briefe fand sie „alle wie früher; das gleiche Gemisch von Eitelkeit und Verlogenheit oder besser Feigheit.“ (an Blücher, 3.1.1950).

Die Ehe Heideggers mit seiner antisemitischen Frau erlebte sie als ein „Bündnis zwischen Mob und Elite, diesmal aufs Engste geschlossen.“ (an Blücher, 13.6.1952). Und obwohl sie den Einfluß Heideggers auf die deutsche Universität „wirklich nur verhängnisvoll“ fand, hielt sie Heideggers Nietzsche-Buch, das sie in ihrem philosophischen Hauptwerk ausführlich besprach, für ein „Ereignis ersten Ranges in der philosophischen und der sogenannten Geisteswelt.“ (an Kurt Wolff, 25.3.1960).

In dem halben Jahrhundert zwischen dieser Liebe und ihrem Tode hat sie ihm philosophisch stärker die Treue gehalten, als ihrem Denken oft guttat. Nach dem Tode ihres Freundes Jaspers 1969 ging sie mit Heidegger wieder gelöster um, sowohl persönlich während der Begegnungen an ihren europäischen Urlaubsorten wie auch philosophisch in ihrem gleichzeitig entstehenden letzten Buch, das durch ihren Tod zum Fragment wurde. Die Distanzierung nach dem Kriege wurde persönlich wie philosophisch immer schwächer, und sie blieb an Heidegger sehr ambivalent bis zuletzt in Haßliebe gebunden. Das Denken dachte sie sich als „geistiges Zwei-in-einem“, als stummes Selbstgespräch eher mit Lehrer Heidegger als mit Lehrer Jaspers.

„Was ist Existenzphilosophie?“ hatte sie 1946 gefragt und bei Jaspers eher die freie Selbstbestimmung des Menschen gefunden, bei Heidegger die Nichtigkeit des Seins, welches den Menschen funktionalisierte.

Als Jaspers 1969 starb, feierte sie Heidegger als Zertrümmerer der Metaphysik: Es sei „ihm und nur ihm zu danken, daß dieser Einsturz in einer dem Vorangegangenen würdigen Weise vonstatten ging;" (‚Martin Heidegger ist 80 Jahre alt'). Sie erinnerte sich, als Studentin an ihm erlebt zu haben, wie „Denken als reine Tätigkeit, und das heißt weder vom Wissensdurst noch vom Erkenntnisdrang getrieben, zu einer Leidenschaft werden kann, die alle anderen Fähigkeiten und Gaben ... durchherrscht."

*

Der Weisheit letzte Schlüsse

Die deutsche Postmoderne als ewiggestrige Prämoderne

Und die neuen Philosophen unserer Zeit? Sie leben natürlich als TV-Cartesianer in Paris, heißen „nouveaux philosophes", glaubten wie Sartre 1968 an eine Weltrevolution ohne Proletarier und gelten bei deutschen Linksintellektuellen als Rechtsradikale, seit sie Gulag und Auschwitz als Kehrseiten derselben Medaille sehen, also Sozialismus und Nationalsozialismus in denselben deutschen Eintopf werfen. „Die Meisterdenker" z.B. ist ein Kahlschlagbuch: Lenin fällt mit Stalin, Marx fällt mit Lenin, Hegel fällt mit Marx, Kant fällt mit Hegel, da ist kein Halten mehr. Die deutsche Aufklärung war ihre eigene Gegenaufklärung? Besonders aber hat der Autor *André Glucksmann* sich den ertappten Aufschrei der vermeintlich progressiven, der ‚anderen, besseren Deutschen' zugezogen mit seiner „Philosophie der Abschreckung" im Orwelljahr. Dort liefert er, ähnlich wie vor ihm Karl Jaspers, eine philosophische Rechtfertigung der NATO, der westlichen Atombombe und Demokratie zugleich. Und er entlarvt die alt(ernativ)deutsche Friedens-, Frauen-, Forst- und Vaterlandbewegungen als die vier Masken des neudeutschen Neofaschismus, für dessen Feinde sie sich ausgeben. Ist die Philosophie der Gegenwart eher eine Philosophie der Vergangenheit als der Zukunft? Diesseits des Rheins will ein jungdeutscher Denker die „Dialektik der Aufklärung" (Adorno) zu Ende denken. Seine „Kritik der zynischen Vernunft" hatte den Verkaufserfolg eines linken Kultbuches. Es konkurriert im Titel ganz zynisch mit Kants berühmten drei Kritiken und treibt die Kritik der reinen Vernunft praktisch zur reinen Kritik der unreinen Vernunft und reinen Unvernunft. Seine Kritik an jeder Kritik von Unvernunft landet bei der Verherrlichung des bauchlastigsten Schwachsinns. Wissen ist Macht, Macht macht dumm und schlecht, also macht Wissen dumm und schlecht, logisch gelogen.

Die Vernunft ist unvernünftig, und der Wahnsinn hat Methode. Martin Heidegger erfährt eine glänzende Rehabilitierung: Er sei „der erste in der Genealogie einer Neuen und Anderen Linken." Durch *Peter Sloterdijk* wird Martin Heidegger nun zwar kein Linker, auch kein neuer, anderer Linker, sondern bleibt der Alte, nämlich etwas anderes als ein Linker, aber diese Heideggerlinken stehen da als die Lechtsrinken und Rinkslechten, die sie immer waren.

„Heidegger wäre, seiner zentralen Denkleistung nach, auch dann kein Mann der Rechten, wenn er politisch noch verworrenere Dinge gesagt hätte, als es der Fall ist." Heidegger war viel klarer und deutlicher, als Sloterdijk je sein wird.

Als bedeutendster noch lebender deutscher (Sozial-)Philosoph gilt Jürgen Habermas aus der Frankfurter Schule der ‚Kritischen Theorie' Adornos und Horkheimers. Anders als sein französischer Kollege Glucksmann hält er die neudeutsche Friedens-, Frauen-, Forst- und Vaterlandsbewegung nicht für einen linken Bluff von Rechts, sondern für genau das, als was sie sich ausgibt, und das in seinem philosophischen Hauptwerk „Theorie des kommunikativen Handelns". Tenor: Die Bösen herrschen übereinander, die Guten kommunizieren miteinander. Aber die „ideale Kommunikationsgemeinschaft der Forscher", die ihm vorschwebt, ähnelt weniger einer kommunistischen Kommunion als einer realen Volksgemeinschaft von forschen Leuten. Er sieht sehr gut, daß seine Deutschen den Verstand verlieren, den sie nie hatten, und will die Vernunft neu definieren, zu der sie nie kommen. Aber am Ende aller vernünftigen Diskurse darüber, was vernünftig sei, ist bei Habermas der menschliche Verstand nicht viel mehr als das ‚freie' Einverständnis und die ‚freie Verständigung' von Irren darüber, daß links rechts und oben unten ist. Was zu beweisen war; wir sind in Deutschland.

Jürgen Habermas und die Soziologie des deutschen Sozialismus

Ein Gespenst geht um in der deutschen Gesellschaft – das Gespenst der Kommunikation. Zwischen redlich Sprachlosen, die ihrer Muttersprache nicht mächtiger sind als ihre ausländischen Gastarbeiter, die sie deshalb verachten. Genau besehen geht dieses Gespenst weniger in der Gesellschaft um als in der Gesellschaftstheorie der Deutschen. Wird da ständig über etwas geredet, was gar nicht da ist und weil es nicht da ist und damit es da sei? Unablässig wird miteinander darüber geredet, daß eigentlich wieder einmal miteinander zu reden wäre, und es fragt sich, was diese dauernden Verständigungsbereitschaftsdienste von (k)einsamen Autisten sollen. Alles heute entzweit, geteilt, getrennt, zerrissen, kerngespalten, entfremdet, atomisiert, abgegrenzt, ausgesondert, zerstückelt, isoliert, vereinsamt? Wo Spezialprobleme wie etwa der nuklearen Militärtechnik unserer Allgemeinbildung angedient werden, erhebt sich der Soziologe zum Spezialisten fürs Allgemeinwohl, Heile und Ganze, für die Verbindlichkeit menschlicher Bindungen, also ‚soziale Integration'. Es wird so getan, als wäre der Schritt von den vielen Einzelnen zu ihrer Einheit der nötige Fortschritt und nicht umgekehrt die Auflösung der kollektiven Horden und Herden in ihre individuellen Bestandteile, also die Ablösung der Menschen von den Großen Müttern und ihren synthetischen Surrogaten. Wie also das vermeintlich mit sich und der verseuchten Umwelt Zerfallene wieder leimen? Kommunion geht nicht mehr: Gott(vater) ist tot. Kommunalpolitik auch nicht: behandelt Menschen, als wären es Dinge. Kommunismus erst recht nicht: behandelt umgekehrt Verdinglichtes, als wäre es menschlich. Bleibt also nur noch die Stallwärme von Wohnkommunen übrig?

Jürgen Habermas, Deutschlands größter Sozialwissenschaftler neben Niklas Luhmann, weiß einen besseren und zeitgemäßeren Sozialkitt nach dem aufgeklärten Ende aller traditionellen Haltetaue: Kommunikation von Sozialpartnern. Danach sind weniger die sozialen Normen selbst vernünftig als die Art und Weise, wie sie zustandekommen als Normen, nämlich durch geregelten Austausch von Meinungen statt bloß von Waren. Schließlich äußern Menschen sich ja nicht nur in Werken, sondern auch in Worten, entdeckt Habermas, der aus der betrüblichen Tatsache, daß der größte Teil der Gesellschaft arbeitet, damit ein kleinerer Teil handeln kann, ein anthropologisches System macht. Kurz: Wir sind wieder einmal beim sagenumwobenen Gespräch von Mensch zu Mensch, bei der reinen ‚zwischenmenschlichen Beziehung' ohne störende Beimengung von Dingen und Sachen. Nach zweitausendjähriger Fixierung des Abendlandes auf das bloße Herrschaftsverhältnis von Menschen zu Dingen, von Subjekt und Objekt, will man Habermas glauben, soll endlich Mensch zu Mensch sprechen und das Herz direkt zum Herzen. 1943, mitten im Krieg, hatte Jean-Paul Sartre „Das Sein und das Nichts" anders verteilt: Entweder ist einer Subjekt für den anderen oder Objekt, dazwischen oder darüber gibt es nichts. Bin ich Subjekt, bist du Objekt; bin ich Objekt für dich, bist du Subjekt für mich. Habermas will mehr. Hat das europäische Denken von Anaximander bis Adorno nicht immer nur die großartig einseitige Relation eines herr-lichen Subjekts zu (s)einem (Ausbeutungs)Objekt behandelt statt, wie es unter Adenauer hieß, die „echte Begegnung von Mensch zu Mensch"? Was verbindet zwei Subjekte, die einander gerade mal nicht zu bloßen Instrumenten ihrer jeweiligen egoistischen Absichten herabsetzen? Gemeinsame Arbeit an derselben Sache zum Beispiel, sollte man meinen. Weit gefehlt. Habermas meint uns auf über 1100 Seiten seines neuen Opus magnum daran erinnern zu müssen, daß wir keine Autos und keine Kinder machen, wenn wir Konversation und viele Worte darum machen. Wer hätte das gedacht!

Auf über tausend Buchseiten wird uns Tausendfüßlern so genau erklärt, was wir eigentlich tun, wenn wir gar nichts tun, daß nichts mehr geht. Angeblich geht es um so etwas wie Vernunft bei der ganzen umständlichen Veranstaltung, produziert nach viel Palaver, durch Mehrheitsbeschluß. Wenn alle Volksgenossen sich einigen, daß Juden Untermenschen sind, dann sind sie wirklich Untermenschen, so lange niemand auftritt, das argumentativ zu bestreiten (falls es für die als Juden Ausgeschauten dann noch nicht zu spät ist). Sind alle deutschen Volksgenossen einig, daß die Neuen grünen Alternativen in der Bundesrepublik Linke sind, dann sind sie eben Linke, auch wenn sie die Neuen Rechten sein sollten.

Die „Theorie des kommunikativen Handelns" (Frankfurt 1981) ist der seit mindestens einem Jahrzehnt vorangekündigte Versuch des bedeutendsten Frankfurter Schülers Habermas, seine geistigen Überväter Horkheimer und Adorno ödipal zu übertreffen, wenigstens theoretisch. Seine Kritik der kommunikativen Vernunft ist also Prätention, sowohl Kritik ihrer Kritischen Theorie sein zu wollen wie eine Kritik von Kants Kritik der reinen Vernunft.

* * *

Herbert Marcuse gehörte wie Walter Benjamin zum weiteren Umkreis der „Frankfurter Schule" der Sozialphilosophie und der „Kritischen Theorie der Gesellschaft" von Adorno, Horkheimer, Pollock, Löwenthal u.a. Als Adorno und Horkheimer Ende der Vierzigerjahre aus dem amerikanischen Exil mit ihrem „Institut für Sozialforschung" an die Frankfurter Goethe-Universität zurückkehrten, blieb Marcuse (nicht zu verwechseln mit seinem Gegner Ludwig M.) in Kalifornien. Von dort aus beeinflußte er in den späten Sechzigerjahren die ‚New Left' und die neue deutsche Linke stärker als „Max und Teddy" in Frankfurt. In der studentischen APO von 1968 sah Marcuse einen neuen Sozialismus (Adorno hingegen nur den alten Nationalsozialismus). Er lehrte die „Große Verweigerung" gegen den ‚Eindimensionalen Menschen': Das wurde in Deutschland die große Verweigerung der Feministinnen gegen ihre Kommilitonen vom S(ozialistischen) D(eutschen) S(tudentenbund). So wurde die ‚antiautoritäre Bewegung' der ‚Kinder von Karl Marx und Coca Cola' gegen ihre Nazi-Eltern am Ende mit Marcuses Hilfe eine politische Abweichung, die nur ein Aus- und Auf-weich-en war. Marcuse wollte keine „Repressive Toleranz" gegen Kapitalisten und förderte regressive Toleranz gegen (National-)Sozialisten. Als barbusige Studentinnen ‚Teddy' Adorno vom Katheder vertrieben unter dem Gejohle des Mob und Adorno seine Fakultät durch Polizei räumen ließ, die er theoretisch bekämpfte, hatte Weichmacher Marcuse gewonnen.

Nur die Flucht vor dem Dritten Reich hatte den jungen Juden Marcuse daran gehindert, beim größten Nazi-Denker Heidegger zu promovieren — mit einer Arbeit über Hegel, den er später gegen den angelsächsischen Vorwurf verteidigte, ein preußischer Vorläufer des Faschismus gewesen zu sein.

Zu einem Kultbuch für die deutschen Studenten wurde später das Werk: „Eros and Civilisation". Es sollte eine Synthese von Marx und Freud werden und wurde eher eine Synthese von Heidegger und C.G. Jung. Christus und Prometheus wurden aus dem philosophischen Heiligenkalender gestrichen und durch die griechischen Sagengestalten Narziß und Orpheus ersetzt. Das waren nun selbst genau jene ‚Eindimensionalen Menschen', die damit überwunden werden sollten: Regression rebellierte gegen Repression, Muttersöhnchen gegen die eigene Reife.

Hier triumphierte bereits die ideologische Rechte in der Maske der Linken. Die Kinder der braunen Kleinbürger besetzten die Rolle des Proletariats, das abgeschrieben wurde, weil es seine revolutionäre Mission angeblich verschlafen hatte. Die ‚Neue Mitte' der BRD wurde zum „Neuen Menschen" ernannt. Die soziale Revolution blieb eine Kulturrevolution unter Ausschluß der proletarischen Spießbürger. Was hier um 1970 begann mit der rechten Unterwanderung der deutschen Linken, vollendete sich um 1980 mit den Alt(ernativ)deutschen. Wo Ich und Über-Ich waren, soll wieder ES sein. Die Väter? Kriegsopfer der Frauen.

ES schlägt so schön bewußtlos.

* * *

Geheimtip: Der vielleicht bedeutendste weibliche Philosoph nicht nur dieses Jahrhunderts ist eine große Unbekannte geblieben, als sie vor gut zwanzig Jahren starb. Sie hat nicht feministisch gekämpft, aber für die Frauen mehr getan als Simone de Beauvoir, als sie bewies, daß ein „durch und durch origineller Geist auch in einem weiblichen Körper wohnen kann" (nicht nur als Epigonin eines Sartre). „Zur Freude ihres Lehrers Husserl, nicht zur Freude der Frauenstudiumsgegner" gewann schon die Studentin mit ihrer ersten Arbeit 1912 einen Preis der Universität Göttingen. („German Fraulein is a clever thinker", schrieb dazu der „San Francisco Examiner".)

Die Nazis, die doch Mutter Natur so gern gegen Kultur ausspielten, erteilten der Naturphilosophin mit dem jüdischen Großvater 1938 Publikationsverbot. Sie überlebte, indem sie mit ihrem Mann eine kleine Obstplantage bewirtschaftete. Den Sozialdarwinisten erteilte sie ihre Absage mit den „Utopien der Menschenzüchtung". Sie versuchte, mit einer Naturphilosophie die Ergebnisse der modernen Naturwissenschaft zu deuten, ohne der Physik die Metaphysik zu opfern u.u. Nach dem Kriege schrieb sie eine bedeutende Trilogie: „Das Sein", „Der Raum", „Die Zeit".

Sie war eine Freundin der konvertierten Edith Stein, der „berühmtesten Nonne Europas" (Hochhuth im ‚Stellvertreter'), die in Auschwitz vergast wurde.

Ihr phänomenologisches Handwerk lernte sie wie ihr Gegner Heidegger bei Edmund Husserl, aber sie blieb nicht Schülerin Husserls. Der Meister kam immer nur dazu, ‚zur Sache selbst' kommen zu wollen: *Hedwig Conrad-Martius* kam zur Sache mit ihrer „Realontologie" (1929).

1952 schrieb diese stille und feine Philosophin rückblickend: „Es hat einmal jemand geäußert in einer literarischen Auslassung, wenn die Deutschen nicht wüßten, wohin gehen, dann gingen sie zu den ‚Müttern'. Es ist wohl an der Zeit, vor allem wieder zu lernen, nach oben zu den ‚Vätern' zu gehen …"

* * *

Jede Erfahrung mit Mutter Natur impliziert Vorurteile über Frauen. 1945: „Die offene Gesellschaft und ihre Feinde" (wie Hegel, Marx, Bloch, Adorno, Marcuse u.a.) hat der englische Neopositivist Sir *Karl Raymond Popper* dingfest gemacht. Von ihm stammt die Wissenschaftstheorie, daß wissenschaftliche Theorien sich nicht anders ‚verifizieren' lassen als durch ‚Falsifizierung' der Gegenargumente – bis keine mehr kommen. Popper hielt die Wissenschaft für wichtig, weil sie lieber Theorien als Menschen sterben läßt. Von seinem „Kritischen Rationalismus" muß der Leser nur wissen, daß der bundesdeutsche Exkanzler Helmut Schmidt sich darauf (und auf Kants preußischen Pflichtfanatismus) berief, um seine kritische Krisenpolitik auch staatsphilosophisch als vernünftig abzusegnen. Ob er seinen prominenten Fan zur Open Society gezählt hat oder zu deren Klassenfeinden, hat Popper nie verraten, soviel ich weiß. (Politik und Philosophie: Platon hatte den Tyrannen von Syrakus zu seinen fixen Ideen bekehren wollen, und der hatte ihn nur als Reklamefigur für sich benutzt. Heidegger hatte den reichsdeutschen Führer als Inkarnation des „Seyns" gelobt, um von ihm zum geistigen Führer Deutschlands eingesetzt zu werden. Er ließ von den Nazis ab, als sie ihn dazu nicht machten, sondern als Aushängeschild mißbrauchten.

Die Sowjets berufen sich seit Lenin mit Recht immer auf Marx. Sie berufen sich auf ihn nicht, weil sie so links sind, wie er es war, sondern weil schon er so antijudaisch war, wie sie es bis heute sind.)

* * *

Erzfeinde der rationalistischen Open Society berufen sich aber lieber auf fernöstliche Philosophie-Importe. Die „Transzendentale Meditation" (TM) des Guru *Maharishi Yogi* z.B. hat mit Transzendentalphilosophie Kants wenigstens eins gemeinsam: Beide erfüllen alle „apriorischen Bedingungen der *Un*-möglichkeit jeder Erfahrung", die diesen Namen verdient. Angezogen fühlen sich vor allem psychisch Verstörte, die durch TM noch gestörter werden: Nach der Meditation brauchen sie erst die Psychotherapie, die TM selbst sein will. Die angestrebten „Ferien vom Ich" (ver)führen uns zu einem „kosmischen Bewußtsein", das meist nur komische Bewußtlosigkeit ist. Vom obligaten Egoismus-ohne-Ego geht es zum vermeintlich „wahren Selbst". Dieses besteht allerdings nur in der krampfhaft verleugneten Entdeckung, wahrhaft nie selbst existiert zu haben.

* * *

Die Gläubigen haben eine Negative Theologie, Adorno schrieb eine ‚Negative Dialektik' (1966), Wahnsinnige werden neuerdings wieder geistesgesundgeschrieben, sie haben einen negativen Befund, und der Psychotherapeut *Ulrich Sonnemann* verfaßte eine ‚Negative Anthropologie'. Das ist keine positivistische Anthropophagie, das sind ‚Vorstudien zur Sabotage des Schicksals'. Diese ‚Vorstudien', die im ‚Land der unbegrenzten Zumutbarkeiten' entstehen konnten, sind bisher zum Glück nicht durch Hauptstudien ergänzt worden. Die Deutschen haben das schreckliche Schicksal, nur solche Saboteure zu haben. Die philosophische Sabotage nimmt ihren Schicksalslauf, wenn Ärzte wie Sonnemann ihre Patienten mit der Sprache behandeln wie ihre Leser. Diese Sabotage des Schicksals ist erst einmal nur Sabotage der deutschen Sprache. Wer seine Gedanken nicht ausdrücken kann, kann keine gehabt haben.

Diese sabotierte Philosophie, sollte sie Sonnemanns arme Patienten heilen oder seine Leser zu seinen Patienten erst machen? Lebt dieser Denker davon, auf der Couch Menschen zu behandeln, die er durch seine Negative Anthropologie erst zu Geistesgestörten gemacht hat? Wer so schreibt, hat auch dort Unrecht, wo er Recht hat, ohne deshalb Recht zu haben, wo er Unrecht hat. Als Deutscher konnte er kein Denker sein, ohne auch Dichter sein zu wollen, und das eine ist er sowenig geworden wie das andere. „Die Dickichte und die Zeichen" ist ein Roman, weil es auf dem Deckblatt steht, in Wirklichkeit aber ein Sprachdickicht ohne Wegzeichen. Wenn Philosophie eine linguistische Olympiade wäre, hätte Sonnemann alle Philosophen der Weltgeschichte überrundet. Linke Sympathisanten haben ihm Zivilcourage attestiert. Sein Mut bestand aber weniger in den wohlfeilen Angriffen auf Popanz Franz Joseph Strauß, als daß Sonnemann diese Angriffe in Begriffen führte, gegen die sogar FJS noch Recht behält, und die ihm weniger wehtun als unserer Muttersprache.

* * *

Der Popperschüler *Paul Feyerabend* ist ein Kabarettphilosoph und denkt „Wider den Methodenzwang". Jedes wissenschaftliche Verfahren habe sich verfahren und verhüte nur das Erfahren der Sache selbst. Feyerabends Methodologie besteht nun darin, keine Methode zu haben, indem er jede zuläßt: „Mach, was du willst". Seither will niemand mehr, und niemand will auch nur, was er macht. Dieser neue Zwang zum unmethodischen Vorgehen gegen alles entwaffnet und lähmt zugleich. „Anything goes"? Nothing goes, when anything goes. Und genau das wollte dieser Sophist erreichen, denke ich mir. — Der Wahnsinn hat Methode, und jede Methode wird vorgeführt als der Wahnsinn, für dessen Heilung sie sich hält. Wenn alle Wege nach Rom führen, führt kein Weg mehr von Rom weg. Hier wird jeder nach Feyerabends Façon unselig.

* * *

Die neuen Irrationalisten bekämpfen den ‚Ratiofaschismus', um davon abzulenken, daß sie die Faschisten sind, die sie zu bekämpfen vorgeben. „Was das Verantwortlich- oder Nichtverantwortlichsein betrifft, wir kennen diese Ausdrücke nicht, es sind Ausdrücke der Polizei oder der Gerichtspsychiatrie ... Man hat uns des Faschismus bezichtigt; so faschistisch können wir gar nicht sein, solange wir uns bewußt sind, daß Faschismus nicht nur derjenige der Anderen ist ... das ‚Rhizom' dagegen befreit die Sexualität nicht nur von der Reproduktion, sondern auch von der Genitalität ... Und das führt über die graue Masse, das Raster, ins Ungesonderte zurück, das Spiel nähert sich dem bloßen Weben, wie es die Mythen den Parzen und Nornen zuschreiben." Deleuze/Guattari: „Rhizom" (Wurzelnetzwerk).

* * *

Der „Abschied vom Proletariat" bei André Gorz und Herbert Marcuse korrespondiert einem „Abschied vom Prinzipiellen" überhaupt. Die ‚deutsche Gesellschaft für Philosophie' hat zu ihrem Präsidenten keinen Philosophen gewählt, sondern einen „Transzendentalbelletristen", wie *Odo Marquard* sich selbst nennt, ein ehemaliger Napolaschüler. Nun ist ein Dichter, weil er verkracht ist, deshalb noch kein Denker, aber niemand sagt so schön wie Marquard, daß er nichts zu sagen hat, geschweige denn etwas Neues.

Odo Marquard, Jahrgang 1928, ist seit 1985 der Präsident der Allgemeinen Gesellschaft für Philosophie in Deutschland, also etwas mehr als ein bloßer Philosoph unter anderen. 1981 erschien bei Reclam ein kleiner Auswahlband, dessen Titelaufsatz gleich das Prinzipielle verrät: „Abschied vom Prinzipiellen. Auch eine autobiographische Einleitung."

„1940-1945 — bis unmittelbar nach meinem 17. Geburtstag — war ich auf einer politischen Internatsschule, einer späten und extremen Sozialisationsagentur der ‚Generation der politischen Jugend': Ich kam — solide ausgebildet einzig in Weltfremdheit — (nach Kriegsende und kurzer Kriegsgefangenschaft) retardiert in die geschichtliche Wirklichkeit der skeptischen Generation hinein und" (S. 6) wurde skeptischer Philosoph. „In einen ‚Lebenslauf' geht normalerweise Wichtiges nicht ein: das Intime, das Schwere (es gibt das Grundrecht auf Ineffabilität)" (S. 8). Der Leser wird also gleich zu Beginn behutsam darauf hingewiesen, daß der Philosoph ein Recht hat zu verschweigen, was er aus dem gemacht hat, was diese nationalsozialistische Adolf-Hitler-Ausleseschule einst aus ihm gemacht hatte. Kurz: Wir sind auf das philosophische Werk verwiesen, wenn eine Antwort auf diese Frage gesucht wird.

Folgen wir dem Ex-NAPOLA-Schüler Marquard auf seinem Weg in die heutige ‚Transzendentalbelletristik' eines postmodernen Skeptizisten. „Das Prinzipielle ist lang, das Leben kurz ... unser Tod ist schneller als das Prinzipielle; das eben erzwingt den Abschied vom Prinzipiellen." (S. 18). Was zu beweisen war, denn es „läßt sich nicht alles ändern und darum nicht jegliches Nichtändern unter Anklage stellen." (S. 16). „Zukunft braucht Herkunft" aus NS-Eliteschulen und keine „Übertribunalisierung der Wirklichkeit".

„Weil wir zu schnell sterben für totale Änderungen und totale Begründungen, brauchen wir Üblichkeiten: auch jene Üblichkeit, die die Philosophie ist." (S. 17). Wollt ihr die totale Änderung und Begründung?

„Darum wurden jetzt gleichwichtig mit dem Zweifel, die die Skepsis — historisch belegbar — stets auch gehabt hat: die Ernstnahme des ‚Einzelnen‘ und die Bereitschaft, gemäß den ‚Sitten der Väter‘ zu leben, d.h. — wo es keine zwingenden Gründe fürs Abweichen gibt — nach Üblichkeiten zu handeln.“ (S. 15f.).

Marquard sieht offenbar keinen Grund für ein Abweichen von den übl(ich)en Sitten der Väter. Bei ihm „tendiert die Skepsis zum Konservativen“, „denn man kann aus einem Menschen nicht den ganzen Menschen herausschneiden.“ (S. 16). Mit anderen Worten: Wollte Marquard sich ändern, müßte er unter dieser Totalamputation verbluten. Sich ändern?: „Er hat schlichtweg keine Zeit dazu.“ Da fragt sich natürlich, ob er an der totalen Änderung dieser totalitären Einstellung zu sterben fürchtet oder bevor auch nur das chirurgische Messer des Verstandes angesetzt hat. „Der angeklagte und der entlastete Mensch“ Odo Marquard begrüßt vor allem jene „Entlastung vom Absoluten“, die durch den Tod Gottes in seine Welt und die Welt von Seinesgleichen gekommen ist. Vor der ‚Übertribunalisierung‘ durch Vergangenheitsbewältiger und andere Gesinnungsschnüffler gelingt ihm der skeptische „Ausbruch in die Unbelangbarkeit“. „In meinem Anfang 1978 geschriebenen und hier quinto loco abgedruckten Aufsatz ‚Lob des Polytheismus. Über Monomythie und Polymythie‘ habe ich das (durchaus in Spuren Blumenbergs gehend) geltend gemacht ...“ (S. 19). Mit der ‚Monomythie‘ ist natürlich der böse alte jüdische Monotheismus gemeint, verschämt versteckt, und Marquards Interesse an der Hermeneutik wird verständlich, das Buch der Bücher, „den ‚absoluten Text‘ ... zum ‚relativen Text‘ — zum neutralen, literarischen, ästhetischen — unter anderen relativen Texten zu zähmen ...“. Hier wird auch der Kunstfreund M. ganz zwanglos verständlich ohne hermeneutische Überanstrengung des Interpreten seiner Philosophie.

Die jüngste deutsche Geschichte zerfällt in erzählte Geschichten und Märchen: „Historien und Romane sind die — aufgeklärten — Polymythen der modernen Welt.“ (a.a.O., S. 109). Die Philosophie solle „ihre Kollaboration mit dem Monomythos beenden“ statt mit dem antimonotheistischen Faschismus. Aber das ‚Eichmann-Argument‘ wird schnell entkräftet: „Wer aus den Üblichkeiten lebe, stehe in direkter Gefahr, zu einem Eichmann zu werden, der schließlich gerade nur seine übliche Pflicht habe tun wollen ... Der Mißbrauch widerlegt nicht den Brauch. Eichmanns Schreibtischuntaten litten nicht an einem Zuviel, sondern an einem Zuwenig von Üblichkeiten." („Apologie des Zufälligen", S. 126). Schön wär's ja.

Für Marquard ist Philosophie nur noch „Inkompetenzkompensationskompetenz". Für alle wesentlichen Fragen sei sie nicht mehr zuständig. Marquard fühlt sich nur noch kompetent, seine philosophische Inkompetenz zu kompensieren, und das gerät zur Überkompensation einer prinzipiellen Impotenz. Das Kompensationsgeschäft mit der Unfähigkeit zum philosophischen Antifaschismus wird ein antimonotheistisch drapierter Antijudaismus, der die Monokulturen abschaffen will für seinen Gemischtwarenhandel. Zu Nietzsches fröhlicher Wissenschaft fällt Polymythologen ein: „Jede Philosophie ist eine traurige Wissenschaft, die es nicht vermag, über dieselbe Sache mal dies, mal das zu denken ..." q.e.d. Wohlgemerkt: Um in den bundesdeutschen Denkbeamten philosophische Antifaschisten zu vermissen, muß man natürlich keine faschistischen Philosophen in ihnen sehen. Aber daß die Gewaltenteilung bis hinunter zur Individuation des Einzelnen dem Monotheismus weniger widerstreitet, als auf seiner Grundlage überhaupt erst denkbar wird, kann Marquard offenbar nicht begreifen, der im Dritten Reich nur die von Hitler gegeneinander ausgespielten und miteinander konkurrierenden Teilgewaltigen kannte als Modell für seinen Polytheismus des Dritten Weges zwischen den Blöcken. Er konnte eben nichts dafür, NAPOLA-Schüler gewesen zu sein, was er unter die „Unverfügbarkeit der Vorgegebenheiten" zählt, das eherne Schicksal. Daß er aber etwas dafür kann, den Ex-NAPOLA-Zögling als unzurechnungsfähig nachträglich zu salvieren und zu ‚entlasten', belastet ihn so sehr, daß er das göttliche Tribunal des Jüngsten Gerichtes samt seiner irdischen Gewissensvorläufer als reine ‚Übertribunalisierung' tribunalisiert, nachdem im 18. Jahrhundert die Aufhebung der Erbsünde durch christliche Gnade aufklärerisch aufgehoben worden war. Marquard sucht Selbstentlastungswege in Natur, Reisen, Krankheiten und Revolutionstheorien. So wird sein Polytheismus zur Flucht vor jedem Richterstuhl, und er verzichtet auf jede Anklage, um kein Angeklagter zu werden.

Marxistische Faschismustheorien bedenken ja wenigstens die

ökonomischen Ursachen des volksdeutschen Syndroms, aber Philosophien, welche die psychoanalytischen Hilfsmittel verschmähen oder mißbrauchen, können die noch wichtigeren psychischen Ursachen gar nicht erfassen. (Völlig konfus wird es, wo sozialistisches Handeln als psychotherapeutische Praxis und die Psychoanalyse als materialistischer Revolutionsersatz rezipiert wird. Dann lieber ‚Transzendentalbelletristik', die wenigstens die Philosophie als Einheit von Witz und Wissen betreibt.)

Habermas schreibt seine Dissertation über Schelling als Vorläufer von Marx, Marquard schreibt seine Dissertation über Schelling als Vorläufer von Freud, beide honorieren Schellings anti-idealistische Motive mitten im Spätidealismus. Aber diese Bevorzugung materialistischer Motive hat weder aus Marquard noch aus Habermas Philosophen gemacht, deren anti-faschistische Widerstandskraft ausreicht gegen gefährliche Erreger neuer sozialer ‚Bewegungen'. Beide sind ‚Ökopax'-Philosophen geworden, welche den Ökopaxen nur einen gewissen Antimodernismus vorhalten, als würde der nicht gerade ihre Modernität ausmachen. Beide haben nur noch schwache Vorbehalte, die sich sicher ausräumen lassen, wenn die postmoderne Tünche erst gefallen ist von diesen faszinierenden ‚Bewegungen'.

Die Skepsis gegen alle Dogmen hat zum wohlfeilen Dogmatismus zweifelhaftester Skeptizisten geführt. Marquards „Lob des Polytheismus" z.B. war weniger ein Lob des demokratischen Pluralismus als eine Mängelrüge des jüdischen Monotheismus, also so etwas wie ein transzendentaler Antisemitismus. Marquard liebt die philosophischen „Problemkrimis" seines Zunftkollegen *H.C. Blumenberg*, der nicht mehr Metaphysiker sein will, welche Kühnheit, sondern „Metaphorologe". Metaphern statt Gedanken? Wieder ein Denker, der nur ein verhinderter Dichter ist? Blumenberg will dem Menschen eine neue Art von ontologischer Demütigung zufügen: Nachdem ich seit Kopernikus nicht mehr Mittelpunkt des Weltalls bin, seit Darwin nicht mehr Erbe Gottvaters persönlich und seit Freud nicht einmal mehr Herr im eigenen Dachstübchen, ist meine Lebenszeit nun neuerdings prinzipiell für das Weltalter zu kurz, um etwas Nennenswertes zu erkennen und darzustellen in der Welt. Sein ist Zeit, und meine Sterblichkeit verhindere jede Form von Unendlichkeit oder auch nur Vollendung im Kleinsten. Dieser zeitlich Zukurzgekommene hat entdeckt, „daß wir in mehr als einer Welt leben.“ Man denke nur! Zeit ist Zeitabschnitt. Da wird dem Manne was weggeschnitten, und der Tod ist der Hauptabschnitt im Leben. Was Blumenberg betrifft, lebt er nicht in vielen, in Unter-, Hinter-und Halbwelten, sondern nicht mal ganz in dieser einen unseren. Er lebt in einem Museum von Weltbildern, die er katalogisiert und für Besichtigungen freigibt. Das vorgestrige Übereinander und das gestrige Gegeneinander wird endgültig nivelliert zum ruhigen Nebeneinander aller Weltanschauungen im philosophischen Supermarkt. Alles ist gleich gültig, gleichgültig und gleich ungültig. Die Geschichte geschieht nicht, sondern Geschichten werden erzählt. Alle Geschichten sind in mir, und ich bin in keiner: Alle kommen aus Blumenberg und Blumenberg in keiner vor. Und wenn diese Scheherazade ihre 1001 Nächte durchgeflunkert hat, ist sie begnadigt oder erledigt. Gewöhnlich wird Philosophen ja vorgeworfen, die Sache selbst nicht zu treffen. Philosoph Adorno hatte ihnen vorgeworfen, die Sache nur zu gut zu treffen, ja, auch nur treffen zu wollen. Und die neuesten Philosophen nennen, was sie so treffen, einfach die Sache selbst. Merke: Wer mit Weltbildern herumspielt wie Gott mit den Welten, ist noch kein Vorbild der Götter. Hier wird ein fauler Zauber nicht aufgehoben, sondern durch faulen Gegenzauber gebannt, und jede Befreiung aus einem Gefängnis ist nichts als das Nachbargefängnis.

* * *

Meist werden Ontologen als bloße Rhetoriker enttarnt. Adorno wollte umgekehrt alle Rhetoriker als geheime Ontologen entlarven. Jeder Redner spricht jeden Redner als bloßen Rhetoriker an. *Karl-Otto Apel* wollte den amerikanischen Pragmatismus von Charles-Sanders Peirce und die deutsche Hermeneutik von Hans-Georg Gadamer zusammendenken. Heraus kam eine transzendentale Kommunikationsphilosophie, in der ‚die apriorischen Bedingungen der Möglichkeit von Kommunikation‘ jede Kommunikation verhindern. Ein Autist kommuniziert für uns alle mit, und Philosophie wird zum Monolog über die Dialoge anderer. Kommuniziert wird nur darüber, daß man eigentlich miteinander kommunizieren müßte – wenn man sich nur etwas zu sagen hätte.

* * *

Vor allem soll keine rechte Vernunft herrschen, d.h. die Herrschaft soll sich nicht vernünftig rechtfertigen müssen (was sie ja auch gar nicht könnte). Um ihr das zu ersparen, gibt es die neueste Philosophie. Peter Sloterdijk hatte mit seiner ‚Kritik der zynischen Vernunft' eine mißglückte Kantparodie versucht. *Gerd Bergfleth* kommt jetzt „Zur Kritik der palavernden Aufklärung" (München im Orwelljahr). Im Kapitel ‚Die zynische Aufklärung' ist Adornos „Dialektik der Aufklärung" in aller Klarheit zur undialektischen Gegenaufklärung geworden: Der Deutsche „ist dank der linken Reeducation, die seine Kriegsniederlage erst vollständig macht, zum Gastarbeiter im eigenen Land geworden, ja weniger als das, denn dem fremden Arbeiter wird doch zumindest ein Recht eigener Kultur zugestanden, während der menschheitliche Unmensch das Gnadenbrot seiner Kultivierung von den linken Herrenzynikern der Aufklärungsmafia empfängt." Wohlgemerkt: Bergfleth meint nicht die ‚Aufklärung', sondern die Aufklärung.

„Es muß endlich erlaubt sein (!), das Verhältnis von Deutschen und Juden unbefangen zu untersuchen, unbefangen von rechten und linken Vorurteilen, und das schließt ein, daß man sich ebenso von unangebrachtem Hochmut wie von fußfälliger Prosternation entfernt hält, ohne darüber in vage Neutralität zu verfallen. Zu dieser Unvoreingenommenheit gehört aber auch, daß man nicht in alle Ewigkeit mit moralischem Zeigefinger auf die drohende Antisemitismusgefahr hinweist ...", wenn man Antisemit ist.

Was für den Deutschen gut sei, könne für den Juden nicht gut sein und umgekehrt, und da hat Bergfleth anders Recht, als er glaubt. „In der Gleichheit bekundet sich die Plattwalzungstendenz des abstrakten Universalismus selber ..." Davor sei der Polytheismus der neuen alten deutschen Eliten! Herrschaft der Vernunft? „Herrschaftsvernunft".

Ist die bundesdeutsche Nachkriegsphilosophie ‚ihre Zeit in Gedanken erfaßt'?

Nicht nur jeder Philosoph kennt den berühmten Satz aus dem Vorwort zu Hegels ‚Rechtsphilosophie' von 1820: „Wenn die Philosophie ihr Grau in Grau malt, dann ist eine Gestalt des Lebens alt geworden, und mit Grau in Grau läßt sie sich nicht verjüngen, sondern nur erkennen ..."

Mit 1945 hatte eine ‚Gestalt des Lebens' ihren Abschluß gefunden in Deutschland, und ein halbes Jahrhundert später kann sie da verjüngt wiederauferstehen, weil sie nie ganz erkannt worden ist — am wenigsten vom professionellen Erkennungsdienst der beamteten Philosophen, die dem alten Feldgrau in Feldgrau ihre bunten neuen Schöpfungen entgegensetzen. Dadurch könnte ein Denker auf den Verdacht kommen, hier werde eine Gestalt des Lebens verjüngt und nicht in ihrem Wesen erkannt, die man längst abgelebt geglaubt hat.

Es sei hier einmal die außerphilosophische These gewagt, daß das Denkwürdige an den bundesdeutschen Denkern nicht das ist, was sie denken, sondern eher das, was sie nicht denken. Die deutschen Nachkriegsphilosophien sind weniger bedenkenswert in dem, worüber sie nachdenken, als in dem, woran sie nicht denken wollen. Dieses Versäumnis, das hier mal probeweise unterstellt sei als Arbeitshypothese, macht die Ergebnisse ihrer Denkarbeit noch vor aller Prüfung der Wahrheitsgehalte bedenklich. Es besteht überhaupt kein Grund, diese vielen verschiedenen philosophischen Versuche darzustellen, vorzustellen, zu referieren und historisch und systematisch zu testen, weil sie systematisch verschweigen, wie historisch sie sind: Sie sind ‚Denken nach Auschwitz', als hätte es Auschwitz nie gegeben.

Julien Bendas gerade wieder auf Deutsch in einem Taschenbuch erschienener „Verrat der Intellektuellen" ist auch und gerade ein Verrat der deutschen Philosophen bis heute. Ob sie Heidegger nun bedenklich finden oder ihn weiterdenken, sie entwickeln postmoderne, postmaterialistische wie postidealistische, poststrukturalistische wie postphilosophische Philosophien; eine postfaschistische Philosophie aber will nicht dabei herauskommen. Es werden eher ante*fa*schistische als anti*fa*schistische Philosophien, und die Beflissenheit des Geistes, das Zeitgemäße nicht zu verpassen, führt nur zu Philosophien des ‚Zeitgeistes'.

Wenn Philosophie so etwas wie ausdrückliche Reflexion auf die stillschweigenden Voraussetzungen und gezielt verschwiegenen Prämissen des jeweiligen Zeitgeistes auf allen Ebenen der Kultur ist, dann hat die bundesdeutsche Berufsphilosophie weitgehend ihr Thema verfehlt oder ihren alten Themen eben bis heute nur zu sehr die Treue gehalten. Sie erfaßt alles in Gedanken, nur nicht, was an der Zeit wäre, und sie erfaßt die Zeichen der Zeit, aber nur in aller Gedankenlosigkeit. In Abwandlung eines Bonmots von Santayana ließe sich sagen: Wer seine jüngste Vergangenheit nicht begreift, ist dazu verurteilt, sie zu wiederholen. Wenn dieser Satz wahr wäre, müßten wir unter Mitschuld unserer Philosophen bereits längst wieder in der Rekonvaleszenzphase des Nazismus leben, und genau dieses soll hier unterstellt sein.

Wenn es mal zu einem ‚Denken nach Auschwitz' kam, dann nur bei jüdischen Philosophen, bei Bloch, Benjamin, Arendt und Jonas, Horkheimer und Adorno, bei Denkern also, deren Philosophie gerade inspiriert war aus allen deutschen Traditionen, nur nicht aus ihrem Judentum selbst. Es gab immer jüdische Denker, die sich von der klassischen deutschen Philosophie inspirieren ließen, aber es gibt keinen deutschen Philosophen, dessen Denken von Motiven des klassischen Judentums angeregt wäre. Die einzigen deutschen Nachkriegsdenker, deren Philosophie nie anzumerken ist, daß es Denken nach Auschwitz wäre, sind die nichtjüdischen. Sie denken weder antisemitisch noch antifaschistisch, sie denken in Indifferenzphilosophien. Ob sie nun geschichtlich denken wollen oder nicht, die jüngste deutsche Geschichte, ob sie nun schon Geschichte ist oder nicht, ist bei ihnen nicht mitbedacht. Sie denken an alles, nur nicht an Deutschland in der Nacht nach Heine. Der erste nichtjüdische Frankfurter Schüler war Jürgen Habermas, und sein typisch deutscher Ödipalputsch gegen seine jüdischen Geistesväter besteht darin, daß seine ‚kommunikative Vernunft' nun genau soweit hinter der Aufklärungsdialektik von Adorno zurück ist, wie sie darüber hinaus zu sein glaubt. Bei Habermas wird der gute alte typisch jüdische Verstand zur ‚Verständigung' mit dem Klassenfeind, und zum Einverständnis mit ihm wird die Vernunft. Habermas beschwört seit Jahrzehnten die allzu ‚ideale Kommunikationsgemeinschaft der Forscher' und will nicht wahrhaben, daß sie fatal erinnert an eine eher reale Volksgemeinschaft von allzu Forschen. Er sucht eine ‚antiproduktivistische Allianz' aller Demokraten und will nicht sehen, daß er eine antiproletarische Kollaboration wildgewordener Kleinbürger feiert in seiner Auszeichnung der alt(ernativ)deutschen Friedens-, Frauen-, Forst- und Vaterlandwirtschaftsbewegungen der Achtzigerjahre.

Ob Heidegger nun dem Nationalsozialismus verfiel oder Bloch dem stalinistischen Sozialismus, immer soll es sich um Irrtum handeln, der den philosophischen Kern ihres Denkens auch dann unberührt läßt, wenn die Denker den Bezug zur Geschichte und Gesellschaft selbst zum Kern ihres Denkens ausdrücklich erhoben haben.

Die bundesdeutschen Philosophen bedenken ja alles Mögliche, um an das Notwendige nicht denken zu müssen. Da sie nicht über den Faschismus nachdenken, ist ihr Denken kein antifaschistisches Denken. Beiläufig geben sie alle ihr Bekenntnis zur FDGO ab, aber ihre philosophische Erkenntnisarbeit selbst weiß nichts davon. Sie denken über alles Mögliche nach, um nicht über die transzendentalen oder materiellen, die logischen oder ontologischen, die psychologischen oder soziologischen, die physischen oder metaphysischen, die phänomenologischen und strukuralistischen und de(kon)struktivistischen Bedingungen der Möglichkeit von Nazismus und Antifaschismus nachdenken zu müssen. Ein Denken, das Faschisten keinen Nutzen bringt, ist deshalb ja noch nicht für Antifaschisten brauchbar. Nur die Kritische Theorie der ‚nichtjüdischen Juden' (Isaac Deutscher) Adorno und Horkheimer versuchte, über die Bedingungen nachzudenken, unter denen Auschwitz möglich war und ein zweites Auschwitz undenkbar wäre. Den real existierenden Sozialismus aller Spielarten entdeckten sie nicht unter den Bedingungen, die ein Revival des Nationalsozialismus unmöglich machen. Diese Kritiker aller Totalitätsphilosophien waren darin Anhänger der Totalitarismustheorie.

Die Schüler und die Kritiker der ‚Kritischen Theorie' setzen sich eher von diesem einzigen antifaschistischen Denkversuch der deutschen Nachkriegszeit ab, statt ihn zu verbessern, wo es nötig wäre.

Die bundesdeutschen Neophänomenologen schauen und schauen und kommen vor lauter ‚intentionaler Reduktion' nie zur Sache selbst. Die Husserl-Erben klammern die nackte Existenz aus und sehen trotzdem nicht auf das deutsche Wesen, an dem die Welt genesen sollte und nur verwesen konnte, weil sie keine antifaschistischen Intentionen auf die faschistischen Intentionen richten. Nach dem Kriege wurde die analytische Sprachphilosophie der Angelsachsen in der BRD rezipiert, aber die ‚Totalitären Sprachen' (Jean-Pierre Faye) werden von deutschen Denkern bis heute nicht analysiert. Die Sprachlosigkeit der westdeutschen Sprachphilosophen müßte einmal psychoanalysiert werden. A propos Freud: Die bundesdeutschen Philosophieprofessoren erheben den Anspruch, die Grundannahmen möglichst aller einzelwissenschaftlichen Disziplinen zu reflektieren, aber sie haben ihre Präferenzen, sie haben eher den Marxismus als die Psychoanalyse rezipiert und in ihr Denken aufgenommen. Nur die Juden Adorno und Horkheimer haben den Juden Marx *und* Freud Platz in ihrem Denken eingeräumt. Die nichtjüdischen Denker fürchten offenbar, ihr Denken könnte psychoanalysiert werden. Daß irgendein Unbewußt-Sein ihr Bewußtsein bestimme, können sie noch verstehen, aber daß es sich dabei um ihr eigenes Unbewußtes handeln könnte, welches ihre Bewußtlosigkeit mitbestimmt, wird heftig abgewehrt.

Die Hermeneutiker verstehen hierzuvaterlande alles Mögliche seit 1945, nur nicht die faschistischen Texte gestern und heute, und sie sprechen dauernd von Traditionen, um nicht die jüngste Vergangenheit aufs Heute hin auslegen zu müssen. Die idealistischen und materialistischen Dialektiker reden vom ‚umgreifenden Allgemeinen', welches Gattung seiner selbst und seines Gegenteils sei, aber daß dadurch die allgemeine faschistische Volksgemeinschaft zur Einheit von Faschismus und Antifaschismus verkommen würde, wird dabei gerade von marxistischen Denkern nicht bedacht. Der Marxismus denkt über den Faschismus nach, aber das Resultat stimmt nicht, und die übrigen Philosophien sind widerspruchsfrei, aber sie denken nicht, sie machen den Faschismus nicht zum Objekt ihres Denkens.

„Philosophieren ist Überschreiten", denkt Bloch. „Transzendieren ist Philosophieren", denkt Heidegger. Also können beide nicht philosophiert haben. Bloch wollte in ‚Erbschaft dieser Zeit' den ‚faschistischen Betrug an den Tag bringen', aber in seinen falschen Freunden nach 1968 in den Siebzigerjahren konnte er diesen Betrug eines Tages nicht mehr erkennen.

Der Nationalsozialismus war keine Philosophie, deshalb ist er kein Gegenstand der Philosophie geworden, weil die Philosophie wie die Literatur heute nur noch über sich selbst spricht. Wenn der Nationalsozialismus nicht nur zufällig, sondern ganz wesentlich ein Antisemitismus gewesen ist, dann müßte ein Philosoph ja sein logisches Denken zu dem Punkt bringen, daß der Antifaschismus vielleicht mit dem Judaismus zusammenhängen könnte, sollte ein nichtphilosophischer Beobachter denken. Denkste. Was die Philosophie an Gegenständen von Anfang an immer mit der Religion gemeinsam hatte, wird verdrängt, verleugnet und vergessen. Was die Religion in Bildern dem Volk sagte, hat die philosophische Elite immer in Begriffen verstehen lassen, und davon will kein Denker mehr etwas wissen. Entweder ist er auf Motive der griechischen Antike fixiert oder denkt den Bataillonen der mathematischen Naturwissenschaft beflissen hinterher. Die Philosophie der Naturwissenschaft, ob nun neopositivistisch oder nicht, will am Erfolg der Naturwissenschaft teilhaben. In der durch französisches Interesse gefilterten Form kommt Heidegger zu uns zurück, und niemand will etwas davon wissen, daß er die NS-Mitgliedsnummer 312589 Gau Baden bis zum Kriegsende trug, nicht nur von 1933 bis 1934.

„Wenn ein Philosoph dieses Jahrhunderts mich tief beeindruckt hat, dann war es Heidegger." (Carl Friedrich von Weizsäcker)

Die Euthanasie des Judentums ist die reine moralische Religion ... (*Kant*)

Ihnen Bürgerrechte zu geben, dazu sehe ich wenigstens keine Mittel als das: in einer Nacht ihnen alle Köpfe abzuschneiden und andere aufzusetzen, in denen auch nicht eine jüdische Idee steckt. (Jakobiner *Fichte*)

... bis zu den Gräueln der Phönizier, ja, bis zur Kybele haben die Juden alle Stufen durchgemacht... Mosaismus ist das Heidnische... religiöses Gebot, ihre Kinder zu opfern... Beschneidung bezieht sich auf Entmannung. (*Schelling*)

... denn der Glaube an etwas Göttliches ... kann nicht im Kote wohnen. Der Löwe hat nicht Raum in einer Nuß; der unendliche Geist nicht Raum in dem Kerker einer Judenseele... (*Hegel*)

Die gesellschaftliche Emanzipation des Juden ist die Emanzipation der Gesellschaft vom Judentum... Akkumuliert! Akkumuliert! das ist Moses und die Propheten! (*Marx*)

Die Emanzipation der Juden sollte nicht soweit gehen, daß man ihnen Antheil am Staate einräumt. Sie werden sonst erst recht Juden bleiben. (*Schopenhauer*)

Leute niedrigster Herkunft, zum Teil Gesindel, die Ausgestoßenen nicht nur der guten, sondern auch der achtbaren Gesellschaft, abseits selbst vom Geruche der Kultur aufgewachsen, ohne Zucht, ohne Wissen, ohne jede Ahnung davon, daß es in geistigen Dingen Gewissen geben könnte, eben – Juden ... (*Nietzsche*)

Der Philosoph und das Leben